EL CORAZON DEL ESPECTACULO
Tu hoja de ruta hacia Hollywood

POR
ALEXIA MELOCCHI
SANDI JEROME

Publicado por Little Studio Films

ISBN: 979-8-9930592-5-9
LCCN: 2025923555

Editado por: Heidi Stangeland
Portada de: Mark Moorer

Nota de los autores

"Creo en las grandes historias y en que todo artista exitoso
Tiene un profundo deseo de expresar algo desde el corazon
para crear un efecto domino en nuestra sociedad. La emocion y el
entretenimiento estan estrechamente vinculados.."

Hace unos anos, escribi mi primer libro, El secreto de un experto: Dominando el camino de Hollywood. Queria ayudar a los recien llegados a obtener informacion invaluable para desenvolverse en Hollywood. Dedique todo mi esfuerzo a esas paginas, centrandome en los secretos del negocio de... Hollywood. Sin embargo, si me has seguido en redes sociales y a traves de mi podcast, con frecuencia enfatizo el poder del trabajo de mentalidad y el capital relacional.

Luego llego el ano de las huelgas, justo despues de recuperarnos de la pandemia, y la industria del entretenimiento cerro. Empece un podcast, The Heart of Show Business, y abri mi corazon, animando a otros a hacer lo mismo. Se estreno en los principales... plataformas de podcast en todo el mundo, recibio calificaciones constantes de 5 estrellas y se encuentra entre el 3 % superior en Listen Notes.

"Me llamaron para encontrar una manera de inspirar, animar y educar
en estos tiempos tan oscuros. No tenia ni idea de cuantos dirian que SI
a mi programa.."

La informacion es poder. Mis invitados compartieron desde la mentalidad hasta... Tacticas para lecciones de vida y profundizo en como funciona realmente Hollywood con entrevistas inspiradoras y empoderadoras de lideres empresariales y creadores de todo el mundo.

Despues de mas de 100 episodios, he presentado a Oscar, Tony y Talentos ganadores de premios Emmy, ademas de autores superventas,ejecutivos exitosos y coaches de vida. Algunos de mis invitados anteriores han sido los actores Blair Underwood,

Maeve Quinlan, Craig McGinlay, DeeDee Pfeiffer, los directores Jim Fall, Jay Russell, David Winning, la cantante Ariana Savalas, el productor Vin Di Bona, los guionistas de Netflix Vlas y Charles Parlaplanides, y muchos mas.

Todo lo que escribo surge del esfuerzo, del esfuerzo y de la determinacion de convertirme en lider en mi profesion y de perseguir mis suenos con la mejor companera que pude encontrar: mi madre.

"Alexia lo cuenta todo", escribe una resena de cinco estrellas. " Alexia no solo sabe lo que hace, sino que tambien aporta un nuevo nivel de pasion y comprension de lo que significa ser parte de Hollywood". Y es precisamente por eso que este libro sobre la industria del entretenimiento es tan diferente del resto; su pasion y comprension son inigualables. Tengo una perspectiva experimentada del aspecto comercial de la industria. Pero es mas que eso; le pongo toda la pasion. Sin embargo, no a todo el mundo le gusta escuchar podcasts o ver mi popular canal de YouTube.

A veces disfrutamos de los momentos tranquilos, sentados en un parque o descansando por la noche, leyendo un buen libro. Los invitados que presente en este libro me emocionaron, y espero que sus historias tengan el mismo impacto en ti.

Alexia Melocchi

Contenido

PRIMERA PARTE
ALEXIA MELOCCHI

CAPITULO 1:
La fe, la familia y el oficio
Una conversacion con
Blair Underwood

A veces, el universo reune a las personas adecuadas en el momento perfecto. Mi conexion con Blair Underwood es una de esas convergencies magicas. No solo es un actor talentoso cuya Carrera abarca cine, television y Broadway, sino tambien alguien que entro directamente en mi orbita creativa cuando adquirio los derechos de "El primo de Camelot", un fascinante libro historico de mi cliente David R. Stokes. Ese proyecto —sobre los turbulentos anos de Joseph P. Kennedy Sr. como embajador de Estados Unidos en Gran Bretana— desencadeno una reaccion creativa en cadena dentro de mi circulo. El libro anterior de David habia sido adaptado por otra clienta, Sandi Jerome, y ahora David y Sandi han trabajado juntos en la extraordinaria historia familiar de Sandi, relacionada con Winston Churchill, un libro que se publico en septiembre. Asi es como se ve una verdadera comunidad creativa.

Escritores que apoyan a escritores, historias que inspiran historias y actores como Blair que reconocen el poder de dar vida a historias ocultas. Su participacion reafirmo algo en lo que creo profundamente: cuando creas con corazon y proposito, siempre encontraras a los socios o companeros de equipo adecuados.

Y cuando Blair y yo hablamos durante mi podcast THE HEART OF SHOW BUSINESS, lo que se desarrollo no fue solo una conversacion sobre actuacion: se trato de la fe, la familia y los principios que mantienen una carrera y una vida fundamentadas.

Alexia: Blair, eres una de esas raras artistas que parecen vivir con los pies bien puestos en el suelo: en tu oficio, tu familia y tu fe. Donde nacio esa vocacion artistica para ti?

Blair: Honestamente, de nino. La imaginacion era mi patio de recreo y nunca quise abandonarla. Convertirme en otras personas, habitar mundos diferentes. Esa fue la chispa. Como actores, "imaginamos", pero la verdad es que se trata de creer profundamente.

> *"Nunca quise dejar de lado la imaginacion.*
> *Mi trabajo como actor es creer tan firmemente que*
> *los demas crean tambien"."*

Alexia: Y aun asi, creciste en una familia militar: estructura, disciplina, responsabilidad. .Como te formo eso?

Blair: Mi padre era coronel del ejercito. Nos criaron con el deber, el honor y una regla clara: no avergonzar a tu padre. Que ascendiera como official afroamericano en los anos 60 y 70 era inusual, y nosotros cargabamos con ese orgullo y esa responsabilidad. Al mismo tiempo, mis padres nos animaron a perseguir nuestras pasiones, siempre que fueran "legales, morales y eticas". Ironicamente, ambos habian querido actuar de jovenes. Asi que, cuando dije que queria ser actor, no solo me apoyaron, sino que tambien se convirtieron en mis primeros representantes.

Alexia: Has compaginado cine, television y teatro, pero siempre vuelves al escenario. .Por que?

Blair: A diferencia del cine y la television, donde un editor marca el ritmo, el teatro es puramente el medio del actor. En el escenario, al levantarse el telon, eres todo tuyo. Sin repeticiones ni filtros: vives o mueres frente al publico. Es aterrador, pero tambien puro.

"El teatro es donde el actor brilla.
No se puede improvisar.
Ocho espectaculos a la semana:
si no amas lo que haces, Te rompera."."

Alexia: A lo largo de los anos, .que es lo que mas ha cambiado en tu enfoque de los roles y proyectos?
Blair: A los veintitantos, todo se trataba de trabajar sin parar, construir una obra, cometer errores y aprender. Ahora, empiezo con el guion, luego con el personaje, luego con la gente. La vida es demasiado corta para dramas innecesarios. Hoy, el proceso importa tanto como el resultado.

Alexia: Has trabajado con leyendas: Ava DuVernay, Octavia Spencer, Steven Soderbergh. Pero se que Cicely Tyson tuvo un impacto especial.
Blair: Absolutamente. Tenia 90 anos cuando presentamos EL VIAJE A BOUNTIFUL. Nunca se saltaba una linea, nunca se perdia un espectaculo. !Hacia 60 flexiones todos los dias a esa edad! Vivia sus valores: salud, disciplina y dignidad. Trabajar con ella me enseno que la grandeza no es solo talento, sino constancia.

"Cicely Tyson fue la prueba de que la disciplina y el proposito son eternos. Ella nunca dejo de dar el 100%."

Alexia: Los artistas jovenes que se incorporan a la industria actual se enfrentan tanto a oportunidades increibles como a grandes desafios..Que les aconsejarias?
Blair: Cree. Puede parecer simple, pero es la base. Tu sueno puede no resultar exactamente como lo imaginaste. Dar esos primeros pasos te llevara adonde debes ir. Y rodeate de las personas adecuadas. La tecnologia y la inclusion han derribado viejas barreras, pero la verdad fundamental sigue vigente: tu creencia impulsa tu camino.

Alexia: Tambien has contribuido con GIVE, tu serie sobre filantropia ganadora de un Emmy. .Que te atrajo a eso?

Blair: Servicio: destacando las organizaciones sin fines de lucro, los ninos y la salud mental - Asuntos que nos importan mas alla de nosotros mismos. El programa fue un exito total: las celebridades mostraron su corazon, las organizaciones beneficas ganaron visibilidad y las comunidades recibieron apoyo genuino.

Alexia: Si tuvieras que resumirlo todo, .cuales serian los tres principios por los que vives?

Blair: La fe en Dios. La familia. La etica laboral. Esos tres valores me sostienen en todo.

"Fe, familia y etica laboral: una verdadera trilogia".

Alexia: Precisamente por eso lo llamo EL CORAZON DEL ESPECTACULO. Porque no se trata solo de los creditos, sino de los valores humanos que subyacen al arte.

Blair: Y te felicito, Alexia, por dar esperanza a la gente con conversaciones como esta. Al fin y al cabo, eso es lo que mas necesitamos: esperanza.

Para mí, Blair Underwood representa la máxima expresión del arte cinematográfico de Hollywood, basado en la disciplina y con una fe firme en su propósito. Su carrera demuestra que el éxito se puede construir sin renunciar a los valores. Su trayectoria nos recuerda que cuando la imaginación, la integridad y la pasión se unen, el resultado no es solo entretenimiento, sino inspiración..

PUNTOS CLAVE

La sustancia prima sobre la ostentación: el poder estelar duradero proviene de fundamentar tu arte en la humanidad, no en el ego.

Piensa a largo plazo: la relevancia se gana mediante una reinvención reflexiva, manteniendo siempre la autenticidad como punto de partida.

Liderar con valores: Blair demuestra que el verdadero éxito perdura cuando se basa en principios rectores.

Preguntas para escribir en un diario

1. ¿Cuáles son los tres principios fundamentales en los que quiero basar mi vida y mi carrera? (Los de Blair eran la fe, la familia y la ética laboral).

2. ¿En qué punto de mi trayectoria debo priorizar la excelencia sobre la búsqueda de reconocimiento?

3. ¿Quiénes son los mentores o modelos a seguir de cuya disciplina y constancia puedo aprender, como Blair aprendió de Cicely Tyson?

Consejos prácticos

- Define tu brújula: Anota tu "por qué" personal para cada proyecto o meta. Hazte la pregunta de Blair: *¿Me inspira? ¿Supone un reto? ¿Tiene importancia?*

- Prueba de escenario: Imagina tu vida o carrera como una vida real Actuación sin repeticiones. ¿Qué harías diferente si no hubiera ediciones?

- Hábito de excelencia: Esta semana, elige un área de tu trabajo y comprométete con la disciplina y la constancia al nivel de Cicely Tyson.

- Servicio destacado: Identifique una causa, comunidad o persona a la que podrías ayudar usando tu plataforma o habilidades - aunque sea de forma pequeña.

CAPÍTULO 2:
Del mito a la pantalla con el escritor Evan Spiliotopoulos

A veces, las conexiones más significativas en Hollywood no nacen en una sala de juntas ni en un estreno, sino de la bondad. Mi amistad con el guionista Evan Spiliotopoulos es prueba de ello. Compartimos raíces griegas, pero lo que nos unió fue algo inesperado: el fallecimiento de mi querida gata, Cairo. Evan, también amante de los gatos, se puso en contacto conmigo con compasión e incluso se unió a mi campaña de recaudación de fondos para una causa animal en honor a Cairo. Ese simple acto de empatía abrió la puerta a una amistad genuina y, finalmente, derivó en esta conversación sobre narrativa, mitología y el arte de escribir guiones.

La carrera de Evan es tan rica y variada como los mitos con los que creció. Comenzó escribiendo para animación (La película de Winnie the Pooh y El reno, Campanilla y el tesoro perdido) antes de dar el salto a largometrajes de acción real. Entre sus créditos se incluyen El cazador y la reina del hielo, La bella y la bestia de Disney y Los ángeles de Charlie. También incursionó en terrenos más oscuros con The Unholy, basada en la novela de James Herbert, que le permitió explorar cuestiones de fe, Milagros y corrupción. Este singular equilibrio entre luz y oscuridad, cuento de hadas y thriller, ha convertido a Evan en uno de los narradores más versátiles de la actualidad.

Alexia: Evan, tus guiones han abarcado desde cuentos de hadas de Disney hasta thrillers sobrenaturales. ¿Qué tienen en común todos estos mundos diferentes para ti?

Evan: Contar historias es contar historias. Ya sea un mito griego, una alegoría bíblica o un thriller moderno, se trata de personajes que buscan un sentido a la vida. Crecí devorando mitos, así que supongo que siempre me han atraído las grandes historias arquetípicas que parecen atemporales..

"La mitología no es antigua, es eterna.
Cada cultura tiene su propia versión, y seguimos contándolas
porque hablan de quiénes somos."

Alexia: Y sin embargo, eres conocida por darles un enfoque novedoso a estas historias conocidas. ¿Cómo abordas la adaptación sin repetir lo que ya se ha hecho?

Evan: Encontrando la humanidad. Respetas el material original, pero te preguntas: ¿por qué ahora? ¿Qué le dice esta historia a ESTA GENERACIÓN? Con LA BELLA Y LA BESTIA, por ejemplo, no se trataba de reinventar la rueda; se trataba de profundizar en las motivaciones de los personajes, dándoles mayor peso emocional para que el público moderno pudiera conectar.

Alexia: Has escrito tanto para animación como para imagen real, para grandes estudios y producciones más pequeñas. ¿Las abordas de forma diferente?

Evan: El lienzo puede cambiar, pero la técnica es la misma. Siempre te preguntas: ¿qué quiere el personaje, qué se interpone en su camino y qué precio tiene que pagar? La animación me enseñó disciplina. Estructura, claridad, ritmo. El rodaje con actores reales me permitió explorer matices y complejidad. Ambos aspectos agudizaron mi capacidad narrativa.

Alexia: Has mencionado antes que tu herencia griega influye en tu escritura. ¿De qué manera?

Evan: Los griegos inventaron el drama; llevamos miles de años obsesionados con la tragedia y la catarsis. Crecer con esas historias me dio una perspectiva más amplia. Incluso cuando escribo un thriller, pienso en términos de destino, sacrificio y redención. Lo llevo en la sangre.

Alexia: Para los escritores que luchan por abrirse camino, ¿qué consejo les darías?

Evan: . Escribe la historia que tienes que contar, esa que lamentarías no haber escrito. Esa urgencia es lo que hará que tu voz destaque.

> *"No te dejes llevar por las tendencias. Para cuando termines tu guion, ya habrán pasado de moda."*

Alexia: Y, en un plano más personal, tu acto de bondad en El Cairo fue lo que nos puso en contacto. ¿Cómo se manifiesta la compasión en tu trabajo?

Evan: Escribir es empatía. Te metes en la piel de tus personajes, sientes lo que ellos sienten. Si no tienes compasión en la vida, no puedes fingirla en la página. Por eso valoro estas conexiones: porque la vida y el arte no están separados. Se nutren mutuamente.

Para mí, Evan Spiliotopoulos representa al narrador como un Constructor de puentes: entre culturas, géneros y corazones. Desde La Bella y la Bestia hasta Lo Impío, su obra nos recuerda que las historias son la forma en que damos sentido a la vida. Y nuestra amistad comenzó, como no podía ser de otra manera, con una historia de compasión, de esa que perdura mucho después de que terminen los créditos.

PUNTOS CLAVE

Respeta la fuente, renueva la perspectiva: *la adaptación no consiste en repetir lo que se ha hecho, sino en preguntarse "¿Por qué ahora?" y encontrar las emociones universales que conectan con el público actual.*

La bondad como conexión: *la amistad y las colaboraciones de Evan surgieron de simples actos de compasión, demostrando que la conexión humana puede despertar la creatividad tanto como cualquier decisión profesional.*

Preguntas para escribir en un diario

1. ¿Qué temas o arquetipos atemporales resuenan más conmigo y cómo puedo explorarlos en mi trabajo?
2. ¿En qué aspectos de mis proyectos puedo profundizar en la motivación de los personajes? ¿Para que la historia se sienta urgente y viva?
3. ¿Cómo pueden los actos de empatía o bondad en mi vida abrir puertas a la creatividad, la colaboración o las conexiones significativas?

Consejos Prácticos

- **Brújula del personaje:** *Para cada proyecto, pregúntate: ¿Qué quiere mi personaje? ¿Qué se interpone en su camino? ¿Qué precio tiene que pagar?*
- **Combinar tradición y frescura:** *Respetar la materia prima original, Pero siempre pregúntate: ¿Por qué ahora? ¿Qué le dice esta historia a esta generación?*
- **Práctica de empatía:** *Ponte en el lugar de tus personajes a diario. Escribir un diario desde su perspectiva puede agudizar tu comprensión y profundidad emocional.*
- **Desarrollo de habilidades en diferentes géneros:** *Intenta trabajar en distintos formatos (animación, acción real, formato corto, formato largo) para fortalecer tu oficio.*
- **Hábito de conexión humana:** *Buscar colaboraciones o Conversaciones que inspiran amabilidad, curiosidad y perspectiva.*

CAPÍTULO 3:
El poder de creer en grande con el productor Betsy Sullenger

Algunos encuentros se quedan grabados en la memoria por la energía que se respira en el ambiente. Conocí a Betsy Sullenger en los estudios Disney, donde trabajaba para un director de cine familiar muy conocido. Desde aquel primer encuentro, admiré su presencia: amable pero firme, accessible pero resuelta. En una industria donde a menudo se subestima a las mujeres, Betsy se desenvolvía con la discreta autoridad de alguien que conocía su valía y no temía hacerse oír. Me encanta ver a las mujeres ascender en el sistema de estudios, y Betsy representa precisamente eso: una productora que combina elegancia con tenacidad y creatividad con un liderazgo lúcido.

A lo largo de los años, Betsy se forjó una reputación por producer películas que equilibran humor, emotividad y atractivo comercial. Entre sus créditos se incluyen la comedia de terror SCOUTS GUIDE TO THE ZOMBIE APOCALYPSE y la comedia familiar YOU AGAIN, que demuestran su versatilidad a la hora de dirigir proyectos que atraen a públicos muy diversos. Lo que unifica su obra es la convicción de que las historias deben entretener sin dejar de transmitir una verdad emocional - y que producir significa ser a la vez defensor y custodio de esas historias.

Pero Betsy no se detuvo ahí. Tras sus años en un estudio, dio un giro audaz hacia la producción independiente, un salto que requirió un conjunto de habilidades completamente diferente. De repente, ya no contaba con la red de seguridad de un estudio. Tuvo que gestionar la financiación y formar equipos. desde cero, impulsa proyectos sin el respaldo de grandes presupuestos ni canales de producción establecidos. La producción independiente, me comentó, exige creatividad no solo en pantalla, sino en cada decision logística. Es un camino más difícil, pero uno que le brindó mayor Libertad para apoyar proyectos en los que realmente creía.

Alexia: Betsy, has trabajado dentro del sistema de estudios, lo cual puede ser emocionante y desafiante a la vez. ¿Qué te atrajo inicialmente de la producción?
Betsy: Producir me resultó algo natural porque siempre me ha encantado formar parte de todo el proceso: encontrar una historia, desarrollarla, apoyar el talento y verla culminar. Se trata de dar forma a una visión y luego reunir a las personas adecuadas para hacerla realidad.

Alexia: Cuando nos conocimos en Disney, recuerdo que me impresionó tu energía tranquila pero firme. ¿Consideras que eso forma parte de tu estilo de producción?
Betsy: Eres a quien la gente acude cuando las cosas se ponen caóticas. Si mantienes la calma, les das permiso a los demás para respirar y concentrarse. Al mismo tiempo, tienes que mantenerte firme en cuanto a la visión; no puedes permitir que se diluya.

"Un productor tiene que ser a la vez ancla y brújula."

Alexia: Has sabido desenvolverte en un sistema que no siempre ha sido fácil para las mujeres. ¿Cómo lo conseguiste?
Betsy: Aprendí a confiar en mis instintos y en mi preparación. Hollywood puede ser intimidante, pero si conoces tu material y respetas a la gente con la que trabajas, te ganarás su respeto. Y creo que es importante predicar con el ejemplo, ser firme cuando necesario, pero también amable.

Alexia: Después de tus películas de estudio, diste el salto a la producción independiente. ¿Cómo fue esa transición?

Betsy: Como la noche y el día. En los grandes estudios, tienes recursos, departamentos e infraestructura. En el cine independiente, haces mil cosas a la vez, y cada decisión es crucial para que la película se haga realidad. Fue más difícil en muchos sentidos, pero también liberador. Pude apoyar historias que me importaban personalmente y aprender todos los entresijos de la industria.

Alexia: ¿Cuál es la lección más importante que has aprendido sobre producción?

Betsy: El trabajo del productor es crear las condiciones para que todos los demás brillen, desde el director hasta el elenco y el equipo técnico. Cuando se logra eso, la película cobra vida propia.

"No se trata de control, sino de colaboración"

Alexia: ¿Y qué consejo le darías a la próxima generación de mujeres productoras?

Betsy: No intentes imitar el estilo de nadie. Apóyate en tus propias fortalezas, aunque no sean las que Hollywood suele celebrar. La autenticidad genera confianza, y la confianza construye carreras.

Para mí, Betsy Sullenger personifica el tipo de productora que Hollywood necesita: una líder que combine fuerza y elegancia, autoridad y compasión. Con créditos como "You Again" y "Scouts Guide to the Zombie Apocalypse", ha demostrado su versatilidad dentro del Sistema de estudios. Y con su transición a la producción independiente, demostró que el coraje, la resiliencia y la pasión pueden iluminar el camino incluso cuando los recursos escasean. Betsy nos recuerda que la esencia del mundo del espectáculo no reside solo en las historias que contamos, sino en la determinación de seguir contándolas, sin importar los obstáculos.

PUNTOS CLAVE

Poder blando, visión sólida: *Betsy Sullenger demuestra que la verdadera producción combina una autoridad serena con un liderazgo lúcido. El éxito no proviene del control, sino de crear las condiciones para que todos los demás puedan brillar.*
El equilibrio lo es todo: *fuerza y gracia, tenacidad y empatía: Betsy demuestra que la versatilidad y la resiliencia son tan importantes como el talento y la experiencia.*
El coraje impulsa el crecimiento: *desde las películas de estudio hasta la producción independiente, asumir riesgos calculados te permite defender proyectos que realmente importan.*

Preguntas para escribir en un diario

1. ¿En qué ámbito de mi carrera o trabajo creativo podría aportar una autoridad serena como la de Betsy, sirviendo de apoyo a los demás sin perder de vista la visión?

2. ¿Cuáles son mis fortalezas únicas y cómo puedo potenciarlas?,¿Ellos en lugar de imitar a otros?

3. ¿En qué ocasiones he asumido un riesgo que requirió el aprendizaje de nuevas habilidades, y qué me enseñó sobre la resiliencia?

CAPÍTULO 4:
Detrás de las cámaras con el director Jim Fall

Algunas colaboraciones nacen de la casualidad, otras de la pasión compartida.

Mi conexión con el director Jim Fall surgió de ambas. Hace años, estábamos desarrollando una película para adolescentes centrada en la afición a Duran Duran, una historia muy personal para mí, y para la que Jim era perfecto. No solo era fan de la música, sino que ya había demostrado su talento para dirigir películas para adolescentes aptas para toda la familia con LIZZIE MCGUIRE. A la banda le encantaba, la energía era la adecuada y todo parecía indicar que se alineaban los astros.

Luego estalló la huelga del Sindicato de Guionistas. El proyecto se estancó, como tantos otros en aquella época turbulenta, y finalmente nunca se materializó. Pero aunque la película no se hizo, la conexión perduró. Jim y yo seguimos siendo amigos y colaboradores de corazón, siempre en busca del proyecto perfecto para volver a unir nuestras energías creativas. Ese tipo de química creativa duradera es rara en Hollywood, y dice mucho de quién es Jim, no solo como director, sino como persona.

La carrera de Jim refleja las mismas cualidades que admiré en un principio. Jim McGuire se distingue por su calidez y su instinto para contar historias que conectan a través de las generaciones. Su debut fue con TRICK, una innovadora comedia romántica que se convirtió en una de las primeras historias de amor gay en el cine comercial, narradas con alegría y ligereza en lugar de tragedia. Posteriormente dirigió THE LIZZIE MCGUIRE MOVIE, que se convirtió en un referente cultural para toda una generación. Más tarde, llevó su encanto característico a la television con HOLIDAY ENGAGEMENT y THE WEDDING MARCH. Tanto en el cine independiente como en los grandes estudios, en comedias románticas y familiares, Jim ha demostrado ser un cineasta capaz de combinar humor y emoción, capturando siempre la esencia del momento.

Alexia: Jim, has dirigido tanto películas independientes como proyectos de estudio. ¿Qué te atrae de una historia?
Jim: Ya sea una comedia adolescente o una historia de amor, quiero sentir que son personas reales con las que el público pueda empatizar. Si a mí me importan, al público también.

"Los personajes son lo primero."

Alexia: TRICK fue una película revolucionaria en su época, y LIZZIE MCGUIRE se convirtió en un referente cultural. ¿Qué tienen en común esas Experiencias para ti?
Jim: Parecen tan diferentes, pero para mí, ambas trataban de capturar un momento cultural específico con honestidad. TRICK contaba una historia de amor gay sin tragedia alguna, solo alegría, torpeza y romance. LIZZIE MCGUIRE buscaba darles voz a los jóvenes y celebrar los aspectos desordenados y divertidos de crecer. Públicos distintos, la misma idea: contar la verdad, y la gente se verá reflejada en ella.

Alexia: Cuando hablamos por primera vez del proyecto de Duran Duran, nos pareció que encajaba a la perfección. ¿Cómo influyó tu pasión por la música en tu trabajo como directora?
Jim: La música es una forma abreviada de expresar emociones.

Una canción puede revelar más sobre los sentimientos de un personaje que, a veces, un diálogo. Como fan de Duran Duran y del pop de los 80, usar la música como herramienta narrative está en mi ADN. Por eso ese proyecto me entusiasmó tanto. Y aunque no se concretó entonces, ¿quién sabe? Siempre hay otra oportunidad en el futuro.

"Hollywood está lleno de historias con comienzos y paradas inesperadas."

Alexia: ¿Cómo te mantienes inspirada cuando los proyectos fracasan?

Jim: Recuerda por qué empezaste. No hacemos esto porque sea fácil, sino porque nos apasiona. Cada contratiempo es pasajero. Lo que perdura son las relaciones y la próxima idea que te quita el sueño.

"No esperes permiso."

Alexia: ¿Qué consejo les darías a los jóvenes directores de hoy?

Jim: Crea algo, aunque sea pequeño. Las herramientas son más accesibles que nunca. Y rodéate de colaboradores que te entiendan, porque el cine es un trabajo en equipo.

Para mí, Jim Fall representa lo mejor de la colaboración creativa: amable, fuerte y muy apasionado por las historias que inspiran y conectan a la gente. Además, es un poco rebelde, y me encantan los rebeldes. Y sé que muy pronto encontraremos ese proyecto perfecto para hacer juntos.

PUNTOS CLAVE

Captura el momento cultural: *desde Trick hasta Lizzie McGuire, la honestidad al retratar la vida, grande o pequeña, resuena a través de las generaciones.*

La química creativa perdura: *las relaciones y la colaboración suelen sobrevivir a los proyectos. Confiar en esas conexiones y cultivarlas es tan vital como el trabajo mismo.*

Preguntas para escribir en un diario

1. ¿En qué partes de mis proyectos puedo centrarme en la creación de personajes? ¿A quién apoyará realmente el público?
2. ¿Cómo puedo utilizar mis pasiones personales (música, cultura) ¿Los pasatiempos como herramientas para contar historias?

CAPÍTULO 5:
Ganar con serenidad con el atleta de la NFL Keith Mitchell

Algunas de las historias más transformadoras nos llegan de En lugares inesperados. Conocí a Keith Mitchell a través del editor de la revista EDEN, donde yo colaboraba habitualmente. En aquel entonces, no me consideraba un experto en deportes; el fútbol americano era un mundo completamente ajeno al mío. Pero cuando conocí la historia de Keith, me inspiró profundamente. Antaño un aclamado linebacker de la NFL, su Carrera terminó repentinamente debido a una lesión de columna. Lo que podría haber sido un final devastador se convirtió en el comienzo de un nuevo capítulo extraordinario: su viaje hacia el yoga, la atención plena y la respiración consciente.

El punto de inflexión de Keith comenzó en una cama de hospital. En un instante, era un atleta poderoso en la cima de su carrera; Después, quedó paralizado, incapaz de moverse sin dolor. El silencio de aquella habitación lo obligó a enfrentarse a sí mismo. Despojado de su identidad como jugador de fútbol americano, tuvo que descubrir quién era sin el juego. Fue allí, en la quietud, donde conectó por primera vez con su respiración: una inhalación y una exhalación a la vez. Esos primeros momentos de respiración consciente se convirtieron en la base de su curación.

Lo que más me conmovió no fue solo la recuperación física de Keith, sino la forma en que transformó su dolor en propósito. Mediante ejercicios de respiración, meditación y yoga, reconstruyó su cuerpo. Y, lo que es más importante, descubrió su vocación de ayudar a otros a recuperar su salud y paz interior.

Hoy, Keith es profesor, conferenciante y sanador, y ha compartido sus prácticas con veteranos, personal de emergencias, comunidades desfavorecidas e incluso líderes empresariales que buscan el equilibrio en entornos de alta presión.

Alexia: Keith, tu transición de atleta de la NFL a profesor de yoga es extraordinaria. ¿Cómo empezó ese cambio?

Keith: Todo empezó en el hospital. Estaba tumbado boca arriba, paralizado, y lo único que tenía era mi respiración. Al principio, ni siquiera sabía que estaba «practicando»; solo intentaba sobrevivir. Pero cada inhalación y exhalación me calmaba, me daba fuerzas. Fue entonces cuando comprendí que el cuerpo tiene su propia inteligencia.

"La respiración fue el puente de regreso a mí mismo."

Alexia: Mucha gente se habría derrumbado ante una lesión así que pusiera fin a su carrera. ¿Qué te dio fuerzas?

Keith: Al principio, me sentí destrozado. Mi identidad estaba ligada al fútbol. Pero al perder eso, descubrí algo más profundo: mi espíritu. Me di cuenta de que no era solo un atleta; era un ser humano con un propósito más allá del juego.

"Cuando pierdes aquello que creías que te definía, finalmente descubres quién eres realmente."

Alexia: Ahora enseñas técnicas de respiración y yoga a personas de todos los ámbitos de la vida. ¿Cuál consideras que es el aspecto más poderoso de estas prácticas?

Keith: La respiración es universal. Todos la tenemos, y sin embargo la pasamos por alto. La respiración consciente restablece el sistema nervioso, calma la mente y comienza a sanar el cuerpo. Es la herramienta más sencilla y accesible que tenemos, y siempre está con nosotros.

Alexia: ¿Cuál es la mayor idea errónea que la gente tiene sobre el yoga y la meditación?
Keith: Que se trata de flexibilidad o de quedarse completamente quieto. No es así. Se trata de estar presente. Se trata de aprender a escuchar a tu cuerpo y acallar el ruido. No necesitas ser un yogui de Instagram para beneficiarte. Solo necesitas empezar con una respiración.

Alexia: Hablas a menudo del servicio. ¿Por qué es tan fundamental en tu camino ahora?
Keith: Porque la sanación no es solo para mí. Una vez que has superado una dificultad y encontrado una salida, tienes la obligación de compartirla con los demás. El servicio transforma el sufrimiento en algo significativo.

Para mí, Keith Mitchell es la prueba de que la reinvención es posible en En cualquier momento de nuestras vidas. Desde el rugido del estadio hasta la quietud de la cama del hospital, y finalmente hasta la paz de la esterilla de yoga, él personifica la resiliencia, la presencia y el propósito. Su viaje Nos recuerda que la verdadera fuerza no se mide en trofeos ni títulos, sino en cómo respiramos, sanamos y nos apoyamos mutuamente.

PUNTOS CLAVE

La pérdida como puerta de entrada: *cuando se elimina la identidad ligada al logro, puede surgir un nuevo propósito. La historia de Keith nos recuerda que los finales pueden ser comienzos disfrazados.*

El servicio potencia la sanación: *transformar las luchas personales en herramientas para los demás magnifica su impacto y significado. La respiración consciente, la atención plena y la compasión se convierten en vehículos para el cambio.*

Preguntas para escribir en un diario
1. ¿Cuándo he experimentado un cambio repentino que me obligó a ¿Reconsiderar quién soy?
2. ¿Qué prácticas —respiración, meditación, movimiento, La reflexión: ¿me ayuda a reconectar conmigo mismo en momentos difíciles?
3. ¿Cómo puedo transformar mis propias luchas en un servicio que beneficie a los demás?

Consejos Prácticos
- **Primero la respiración:** *Comience cada día con una respiración consciente; cinco minutos de atención plena pueden restablecer su Sistema nervioso y enfocar su mente.*
- **Redefine tu identidad:** *Reflexiona sobre las áreas donde vinculas tu identidad con la tuya. La autoestima se reduce a un solo rol o logro. Pregúntate: ¿Quién soy más allá de esto?*
- **Empieza poco a poco:** *La sanación no requiere perfección. Comienza con una respiración, un movimiento o un momento de quietud.*

CAPÍTULO 6:
La reina del cabaret con la artista Ariana Savalas

Algunas historias resultan aún más inspiradoras cuando has presenciado la transformación de primera mano. Conocí a Ariana Savalas a través de un amigo de su padre, el legendario actor Telly Savalas.Nos invitaron a verla actuar. En aquel entonces, era una adolescente muy tímida: dulce, reservada y cantaba canciones de otros. Incluso entonces, se vislumbraba algo especial. Pero lo que no podía imaginar era cómo esa chispa se convertiría en un fuego intenso.

Con el paso de los años, Ariana se convirtió en una verdadera fuerza de la naturaleza. Comenzó a componer su propia música, a experimentar con diferentes estilos de interpretación y, finalmente, a adentrarse con audacia en el mundo del cabaret. Se convirtió en miembro fundadora del grupo Postmodern Jukebox, tremendamente popular, reinterpretando canciones de éxito con un toque vintage y actuando en algunos de los escenarios más emblemáticos del mundo: desde el Radio City Music Hall de Nueva York hasta el Teatro Griego de Los Ángeles, pasando por grandes salas de Viena, Singapur y Londres. Multiinstrumentista —toca el piano, la percusión y es especialmente conocida por su ukelele— Ariana combina talento musical con teatralidad. Hoy en día, se erige como una reina del burlesque musical, una maestra del Moulin Rouge moderno, fusionando cabaret, rock and roll y comedia en un personaje escénico único, audaz, juguetón y magnético.

"El cabaret es libertad. Es contar historias sin reglas."

Alexia: Ariana, la primera vez que te vi actuar eras una chica adolescente tranquila que cantaba versiones de otros artistas. ¿Cómo diste el salto para convertirte en la estrella del cabaret que eres hoy?

Ariana: Tuve que encontrar mi voz, literal y figurativamente. Al principio, me sentía más segura cantando éxitos de otros. Pero llegó un momento en que supe que no podía seguir escondiéndome tras eso. Componer mi propia música y adentrarme en el mundo del cabaret me permitió expresar todas mis facetas: salvaje, romántica, divertida e incluso extravagante.

Alexia: El cabaret es una opción muy singular, que combina música, teatro y burlesque. ¿Qué te atrajo de él?

Ariana: Puedo ser glamurosa un momento, cómica al siguiente, y conmovedora al siguiente. No se trata de perfección, sino de conexión. Y, sinceramente, es divertido sorprender un poco a la gente.

Alexia: Tu padre, Telly Savalas, fue una figura emblemática. ¿Cómo te ha influido su legado?

Ariana: Era una persona extraordinaria, sin complejos y auténtica. Me enseñó a no tener miedo a ser audaz. Aunque ya no esté aquí, siento su presencia cada vez que subo al escenario. Creo que le encantaría la picardía que hay en lo que hago.

Alexia: Una vez te describiste a ti misma como una "realista romántica". ¿Puedes explicar qué significa eso?

Ariana: Significa que creo en la magia, pero también tengo los pies en la tierra. Sé que la fama se desvanece, pero mientras dure el brillo, hay que disfrutarlo. ¿Y después? Se crea nuevo brillo.

"Acepta la incomodidad. Aprovéchala."

Alexia: ¿Qué consejo le darías a los jóvenes artistas que aún son tímidos o inseguros de sí mismos?

Ariana: Cuanto más actúes, más valiente te volverás. Y recuerda: la perfección es aburrida. La gente conecta con la honestidad, no con la perfección.

Para mí, Ariana Savalas es la prueba viviente de que el arte es un acto de valentía. Su trayectoria nos recuerda que no encontramos nuestra voz de la noche a la mañana; la construimos, palabra por palabra, canción por canción, actuación por actuación. Atrevámonos a deslumbrar y, sobre todo, a ser nosotros mismos sin complejos.

PUNTOS CLAVE

Encuentra tu voz y hazla tuya: *el salto de Ariana de tímida cantante de covers a estrella mundial del cabaret nos recuerda que el crecimiento ocurre cuando abrazamos nuestra identidad creativa única, incluso cuando parece arriesgado.*

La conexión es más importante que la perfección: *ya sea a través de la música, el Teatro o la interpretación, el público responde más a la honestidad, la presencia y la alegría que al pulido.*

Preguntas para reflexionar en el diario

1. ¿De qué maneras me escondo detrás de lo que me parece seguro, en lugar de ¿Que expresar toda mi creatividad?
2. ¿Cómo puedo aceptar mi "torpeza" o mis imperfecciones? ¿Para fortalecer mi autenticidad?
3. ¿Qué elementos de mi arte me permiten conectar profundamente con los demás y cómo puedo potenciarlos?

Consejos Prácticos

- **Valentía en el escenario:** *Asuma pequeños riesgos creativos a diario— Experimenta con el estilo, el tono o el medio para ampliar tu registro.*
- Juego y travesuras: Infunde alegría, humor y sorpresa en tu trabajo; esto fortalece el compromiso y la expresión personal.

CAPÍTULO 7:
El negocio de las historias con el agente de ventas Michael Favelle

A lo largo de los años, Michael Favelle y yo nos hemos cruzado en varias ocasiones. En innumerables mercados cinematográficos —AFM, MIPCOM, Cannes— siempre combinó negocios con amistad. Los mercados pueden ser agotadores, pero el agudo sentido del humor de Michael, su profundo conocimiento de la industria y su inquebrantable camaradería siempre los convertían más en reencuentros que en obligaciones.

Uno de los gestos más especiales que tuvo conmigo fue Su invitación ANUAL para ver la llegada de las estrellas a la alfombra roja del Festival de Cannes desde su oficina, con una vista privilegiada del Palais, era un sueño hecho realidad para alguien que recién llegaba. Para mí, significaba algo más profundo: el reconocimiento de que años de trabajo duro, perseverancia y una red de contactos auténtica me habían brindado privilegios como este. Sentada allí,contemplando el desfile de estrellas y vestidos, me sentí afortunada, pero también recordé que la suerte suele ser consecuencia de la dedicación y la confianza..

Cuando conecté por primera vez con Michael, inmediatamente lo reconocí como alguien que piensa globalmente, no solo localmente. En una era donde el contenido se consume en todas partes y por todos, la experiencia de Michael en los mercados internacionales es invaluable. Es un negociador que no solo ve la película, sino que también ve al público y sabe cómo conectar ambos. Lo que más admiro es su franqueza sobre los aspectos prácticos del negocio que tantos creativos pasan por alto o evitan.

Alexia: Michael, llevas años en el mundo de las ventas internacionales de películas. ¿Cuál es el error más común que ves que cometen los cineastas en cuanto a distribución?

Michael: No. Hacer la película es el punto de partida. Si no sabes quién es tu público, cuál es tu estrategia de marketing o cómo se distribuirá tu película internacionalmente, ya has puesto en desventaja tu proyecto. La parte comercial no es opcional. Es el oxígeno de tu creatividad.

> *"Demasiados cineastas siguen pensando que hacer la película es la meta final."*

Alexia: Es algo que recalco constantemente. Y, sin embargo, muchos creativos se resisten al lado comercial. ¿Por qué crees que es así?

Michael: Porque no es atractivo. A todos les encanta el glamour del estreno, pero nadie habla de las ganancias, los derechos mínimos garantizados ni los derechos territoriales. Pero aquí está la clave: si quieres una carrera, tienes que aprenderlo. De lo contrario, siempre estarás a merced de quienes saben más que tú. y eso es peligroso.

Alexia: Exacto. Entonces, ¿qué significa el éxito en el mercado actual?

Michael: El éxito radica en la adaptabilidad. Las plataformas de streaming han transformado el panorama, los hábitos de la audiencia han cambiado y los presupuestos son cada vez más ajustados. Más escrutinio que nunca. Los cineastas que triunfan son los que saben adaptarse. Quizás tu proyecto empiece como largometraje y se convierta en miniserie. Quizás la financiación provenga de fuentes inesperadas. Si eres rígido, fracasarás. Si eres flexible, prosperarás.

"El mayor error que veo es lanzar con demasiada frecuencia."

Alexia: Dado que muchos de nuestros lectores asisten a mercados y festivales de cine, ¿qué consejos tienes a la hora de presentar un proyecto?

Michael:. Los creadores sienten la necesidad de contarme toda su vida y cada detalle de su proyecto de una sola vez. Eso no funciona en un mercado donde todos van de reunión en reunión. ¿Qué funciona? Claridad y brevedad. Dime el título, el gancho y por qué el público pagará por verlo. Y ahí termina todo. Si quiero saber más, te lo pediré.

Otra cosa: no insultes a tu comprador diciendo que tu proyecto es "para todos".

Y por último, no me entregues un guion en el pasillo. Jamás. Es la forma más rápida de perder credibilidad.

"Nada es para todos. Si no puedes definir tu mercado objetivo en una sola frase, no estás listo para presentar tu propuesta."

Michael es una persona directa, por eso valoro tanto su opinión. Les recuerda a los cineastas —e incluso a los productores más experimentados— Que el sueño no termina con "Fade Out". Hollywood es un negocio, y la distribución internacional es una parte importantísima de él.

La insistencia de Michael en la adaptabilidad —y sus consejos, a veces duros pero sinceros, sobre cómo presentar una propuesta— son oro puro. Tiene razón: si no conoces tu mercado, si no puedes comunicar tu historia con claridad, no estás construyendo una carrera, la estás jugando a la ruleta rusa.

PUNTOS CLAVE

Conoce a tu público: *Michael recalca que hacer una película es solo el punto de partida. Es fundamental comprender quién la verá, por qué y cómo se distribuirá internacionalmente.*
La adaptabilidad es clave: *los mercados, las plataformas y los hábitos de la audiencia cambian constantemente. La flexibilidad en el formato, la financiación o la estrategia distingue a quienes prosperan de quienes fracasan.*
Claridad en lugar de explicaciones excesivas: una presentación concisa y directa comunica profesionalismo y respeto por la audiencia. Sobrecargar el proyecto con detalles o afirmar que es "para todos" socava la credibilidad.

Preguntas para escribir en un diario
1. ¿Qué tan bien entiendo a mi audiencia y el camino que sigo? ¿El trabajo irá más allá de la creación?
2. Cuando presento mi trabajo, ¿soy claro, conciso y convincente, o corro el riesgo de dar demasiadas explicaciones?

Consejos Prácticos
- **Mapa de audiencia:** Antes de lanzar un proyecto, define a tus espectadores ideales y por qué les interesará.
- **Práctica de presentación:** Resume tu proyecto en una frase Una para el gancho, otra para el público objetivo y otra para la recompense emocional. Detente ahí; deja que la curiosidad haga el resto.
- **Hábito de adaptabilidad:** Identifica un área donde la flexibilidad podría mejorar las posibilidades de tu proyecto (formato, financiación o distribución) y experimenta con alternativas.

- **Creación de relaciones:** Invierta en conexiones genuinas en festivales y
mercados; estas suelen importar más que los acuerdos inmediatos.

CAPÍTULO 8:
La Guardiana de la Naturaleza con la defensora del medio ambiente Andrea Crosta

Conocí a Andrea Crosta en un evento de defensa ambiental organizado por Better Earth Media. Como italiana, sentí una afinidad inmediata con él, pero lo que realmente me cautivó fue su misión. Andrea es el fundador de Earth League International, una organización sin fines de lucro dedicada a combatir los delitos ambientales y el tráfico de vida silvestre. Quienes me conocen entenderán por qué no pude resistirme a invitarlo a mi podcast, EL CORAZÓN DEL ESPECTÁCULO. Mi amor por los animales y la conservación de la vida silvestre es profundo, y el trabajo de Andrea me conmovió profundamente.

Andrea tiene una trayectoria poco común para una profesional del medio ambiente.Activista. Antes de fundar Earth League International, trabajó durante años como consultor de negocios y seguridad. Ha utilizado esa misma experiencia en investigación para combatir algunos de los crímenes más insidiosos que amenazan nuestro planeta hoy en día: desde la tala y la pesca ilegales hasta el multimillonario comercio de especies en peligro de extinción. Su equipo funciona de forma similar a una agencia de inteligencia, infiltrando agentes encubiertos, ganándose la confianza de informantes y llevando a cabo investigaciones a largo plazo. Mediante redes de denuncia, se desenmascara a los traficantes, se documentan sus operaciones y se entregan sus nombres a las autoridades para que puedan tomar medidas.

Su trabajo no es meramente teórico; ha aparecido en medios de comunicación internacionales e incluso fue destacado en el documental de Netflix THE IVORY GAME, que atrajo la atención mundial hacia el lado oscuro de la caza furtiva de elefantes y el tráfico de marfil.

Tráfico de personas. Andrea no solo habla de salvar el planeta; construye casos que llevan a los criminales ante la justicia.

Alexia: Andrea, vienes del mundo de la inteligencia y la seguridad, y has aplicado esas habilidades a la protección del medio ambiente. ¿Qué te hizo decidir dar ese salto?

Andrea: Me di cuenta de que las mismas estructuras del crimen organizado detrás del narcotráfico, el tráfico de armas y la trata de personas también estaban detrás de los delitos contra la fauna silvestre. Y nadie les prestaba atención. El mundo ambientalista rebosaba pasión, pero a menudo carecía de las herramientas, los métodos y la disciplina del trabajo de inteligencia. Así que pensé: "¿Por qué no unir ambos mundos? Si no tratamos los delitos ambientales como delitos graves, siempre saldremos perdiendo".

"Infórmate. No mires hacia otro lado."

Alexia: Eso es muy impactante. Mucha gente todavía piensa en la conservación como algo romántico, como salvar elefantes o proteger selvas tropicales. Pero usted ha dicho que en realidad es un problema de delincuencia. ¿Por qué lo planteas de esa manera?

Andrea: Porque ES un crimen. Si hablamos de conservación solo como caridad, perdemos la perspectiva. Son crímenes contra la humanidad porque cuando los ecosistemas colapsan, todos sufrimos. Por lo tanto, debemos combatirlos como cualquier otra gran organización criminal: con inteligencia, trabajo encubierto, denunciantes y cooperación internacional.

"Estamos hablando de redes al estilo mafioso que ganan miles de millones de dólares destruyendo nuestro mundo natural."

Alexia: Y para quienes leen esto —cineastas, artistas, emprendedores — que quieren ayudar pero no saben cómo, ¿cuál es el primer paso?

Andrea: Empieza por comprender la magnitud del problema. Luego, usa tus habilidades. Si eres narrador, cuenta historias que generen conciencia. Si eres emprendedor, piensa en cómo tu trabajo impacta el medio ambiente. Todos tenemos un papel que desempeñar. Este no es un problema ajeno, es de todos.

"La conservación no es caridad, es una lucha contra el crimen organizado."

Como muchos de ustedes, crecí amando a los animales y creyendo que la conservación se trataba de pasión, empatía y activismo. Andrea no contradice esa idea, sino que la replantea, demostrando que la lucha por la vida silvestre es también la lucha contra la corrupción, el crimen organizado y la avaricia.

Lo que más me fascinó fue la realidad tras bambalinas de su trabajo. Él y su equipo arriesgan sus vidas infiltrándose en redes de trata de personas, recopilando información y creando canales de denuncia que los gobiernos a menudo no pueden establecer por sí solos.

Conocer a Andrea me recordó que la esencia del mundo del espectáculo no se trata solo de entretener al público, sino de inspirarlo a preocuparse, a actuar y a imaginar un mundo mejor.

PUNTOS CLAVE

Luchar con estrategia, no solo con sentimentalismo: *Andrea replantea la protección del medio ambiente como una misión de lucha contra el crimen. La pasión por sí sola no basta; los* *métodos rigurosos, el trabajo de inteligencia y la rendición de cuentas son fundamentales.*

Utiliza tus habilidades para generar un impacto: *ya seas narrador, emprendedor o artista, todos pueden contribuir. Tu plataforma, creatividad o experiencia pueden crear conciencia y cambiar comportamientos.y responsabilizar a los culpables.*

La narración como fuerza para el bien: *los medios de comunicación, el cine y el arte pueden revelar verdades ocultas e inspirar la acción. El trabajo de Andrea demuestra que las historias no son solo entretenimiento; pueden movilizar, educar y proteger.*

Preguntas para escribir en un diario

1. ¿De qué maneras puedo usar mis habilidades o mi plataforma para abordar los problemas que me importan?

2. ¿Cómo puedo combinar la pasión con la estrategia para lograr un verdadero éxito? ¿Alguna diferencia en mi campo o comunidad?

3. ¿Existen áreas en las que he pasado por alto problemas sistémicos que requieren una acción disciplinada y persistente?

Consejos prácticos

- **Primero educar:** comprender el problema a fondo antes Intentar encontrar soluciones: investigar, seguir a expertos y buscar testimonios de primera mano.

- **Aprovecha tu plataforma:** Ya sea a través de la narración de historias, las redes sociales o los negocios, usa tu influencia para dar mayor visibilidad a los problemas urgentes.

- **Identificar pasos prácticos:** Acciones pequeñas y constantes Donaciones, campañas, colaboraciones: todo ello se combina para generar un impacto significativo.

- **Piensa como un estratega:** Aborda los desafíos con método y previsión, tal como Andrea utiliza técnicas de inteligencia en la defensa del medio ambiente.

CAPÍTULO 9:
La voz del océano con el explorador Jean-Michel Cousteau

Conocí a Jean-Michel Cousteau cuando tuve el privilegio de entrevistarlo para la portada de la revista EDEN. Desde el primer momento de nuestra conversación, sentí la profundidad de su legado. Como hijo del legendario Jacques Cousteau, JeanMichel heredó no solo el espíritu pionero de su padre, sino también su pasión por la protección del océano. Sin embargo, lo que más me impactó fue cómo ha hecho de esa misión algo singularmente suyo.

Nuestra entrevista adquirió una calidez inesperada porque nosotros Hablé en francés, idioma que domino, y que inmediatamente generó un sentimiento de camaradería y conexión cultural. Fue un momento increíble, no solo porque estaba hablando con un ícono, sino también porque una de mis películas favoritas de todos los tiempos siempre ha sido El Gran Azul.

JeanMichel ha dedicado su vida a explorar y abogar por Jean-Michel has spent his life exploring and advocating for Los océanos, no solo como cineasta y ambientalista, sino también como educador decidido a despertar conciencias en la próxima generación. A través de la Ocean Futures Society, ha mantenido vivo el legado de Cousteau con una visión que fusiona ciencia, aventura y narrativa. Sus documentales y su labor de defensa nos recuerdan que el océano no es un recurso para explotar, sino un sistema vivo del que dependemos para sobrevivir.

Alexia: JeanMichel, creciste con uno de los más grandes exploradores de la historia como padre. ¿Cómo encontraste tu propio camino a su sombra?

Jean-Michel: Mi padre me abrió las puertas del océano, pero yo tenía que decidir cómo cruzarlas. Para mí, se trataba de educación. Explorar es importante, pero si la gente no entiende por qué el océano es fundamental para su vida diaria, no lo protegerá. Por eso, me centré en la enseñanza a través de películas, conferencias y trabajo directo con el medio ambiente.

"Cada segundo aliento que tomamos proviene del océano."

Alexia: Usted suele hablar del océano como el "sistema de soporte vital del planeta". ¿Puede explicar a qué se refiere?

Jean-Michel: Regula nuestro clima, proporciona alimento a miles de millones de personas y alberga soluciones que apenas estamos empezando a descubrir. Cuando lo destruimos, nos destruimos a nosotros mismos. Cuando lo protegemos, protegemos nuestro futuro.

Alexia: Y para los artistas, narradores y emprendedores que leen esto: ¿cómo pueden contribuir a la defensa de los océanos?

Jean-Michel: Usa tus talentos. Si eres narrador, muestra la belleza del océano y los peligros que lo acechan. Si eres un líder empresarial, analiza cómo tus decisiones impactan el mar. Todos tenemos una responsabilidad. No podemos dejarla solo en manos de los científicos; necesitamos cultura, creatividad y compasión para inspirar el cambio.

✦ *Hablar con Jean-Michel era como hablar con la historia. El futuro de golpe. Lleva sobre sus hombros el peso de un legado familiar que cambió nuestra visión del planeta, pero su atención no se centra en el pasado, sino en las generaciones venideras.*

Nuestra conversación en francés hizo que la entrevista pareciera una conversación entre dos amigos que compartían no solo palabras, sino una visión del mundo, unidos por la cultura, el idioma y el profundo respeto que ambos sentimos por el mar.

Las películas, las historias y las entrevistas pueden cambiar perspectivas, despertar empatía e inspirar acciones. Y cuando pienso en lo mejor del mundo del espectáculo, pienso precisamente en esto: entretenimiento que despierta la responsabilidad.

PUNTOS CLAVE

Liderar con propósito, no con linaje: *JeanMichel tomó el legado de su padre y lo hizo suyo, centrándose en la educación y la narración de historias para involucrar a la gente en la conservación de los océanos.*

El océano es vital para la vida: *cada respiración, cada alimento y cada sistema climático dependen de los mares. Protegerlos no es opcional, es esencial.*

La creatividad como catalizador del cambio: *el arte, el cine y la narración de historias pueden despertar la responsabilidad, cambiar perspectivas y movilizar a las comunidades para que actúen.*

Preguntas para escribir en un diario

1. ¿Cómo puedo utilizar mis talentos —narración de historias, arte o habilidades empresariales— para generar un impacto ambiental positivo?

2. ¿En qué casos podría estar confiando demasiado en los expertos y descuidando mi propia capacidad para influir en el cambio?

Consejos prácticos

- **Integre la acción en la creatividad:** utilice sus proyectos (películas, artículos, campañas) como plataformas de concientización y defensa.

- **Piense a largo plazo:** Construir un legado requiere un esfuerzo sostenido; concéntrese en iniciativas que tengan un impacto duradero.

- **Colaborar entre disciplinas:** científicos, artistas y Los líderes empresariales tienen un papel que desempeñar; busquen alianzas que amplifiquen el impacto.

CAPÍTULO 10:
Los hermanos que dieron vida a los dioses con guionistas
Charles & Vlas Parlaplanides

Algunas historias son demasiado épicas para quedarse en una página. Los hermanos Parlaplanides tomaron los mitos de su herencia griega y los reinventaron para un público global, trayendo dioses, héroes y monstruos antiguos al audaz y estilizado mundo del anime. Su herencia griega dota a su obra de un sabor único, que a menudo fusiona mito y fantasía.

Nuestra conexión comenzó de una manera profundamente personal — A través del Festival de Cine Griego de Los Ángeles, donde formé parte de la junta directiva, y a través de la comunidad de nuestra iglesia, la Catedral de Santa Sofía, surgió un vínculo instantáneo entre nosotros. Como griegos en Hollywood, compartíamos el mismo lenguaje cultural, arraigado en historias, fe y tradición, y esa base ha fortalecido nuestra amistad desde entonces.

Los hermanos irrumpieron en Hollywood con la película Inmortales, una epopeya inspirada en la mitología griega protagonizada por Henry Cavill, Mickey Rourke y Freida Pinto. Esta película los consagró como guionistas capaces de llevar historias grandiosas a la gran pantalla. Pero su trayectoria no terminó ahí.

Recientemente, dieron un paso audaz hacia un nuevo y Un espacio innovador: el anime para Netflix. Su exitosa serie SANGRE DE ZEUS REIMAGINÓ la mitología griega a través de la animación japonesa, demostrando que una buena historia puede trascender medios y culturas. La serie rápidamente alcanzó fama mundial.

Alexia: ¿Qué os impulsó a convertiros en escritores?

Charles & Vlas:
"No crecimos en Los Ángeles. Hollywood nos parecía a un millón de kilómetros de distancia. ¿Pero las historias? Las historias siempre estuvieron con nosotros. Solíamos sentarnos a hablar de ideas, a intercambiar ideas sobre los personajes, y se convirtió en un lenguaje común entre nosotros."

Alexia: Hollywood está lleno de guionistas que trabajan solos y buscan hacerse un nombre. ¿Qué ventaja tiene ser un equipo de guionistas?

Charles & Vlas: Escribir guiones ya es un proceso bastante solitario. Tener un socio significa tener con quién celebrar los éxitos y en quién apoyarse cuando las cosas no salen bien. Nos impulsamos mutuamente a ir más allá, a encontrar la mejor idea, la línea más precisa, el momento más auténtico. Nos mantiene honestos y hace que el trabajo sea divertido.

Alexia: Tu serie de anime de Netflix, BLOOD OF ZEUS, se convirtió en un éxito internacional. ¿Cómo fue esa experiencia?

Charles & Vlas: Fue liberador. El anime no tiene las mismas limitaciones que la acción real; los únicos límites son la imaginación. Nos permitió dar rienda suelta a nuestra pasión por los mitos, las batallas épicas y los personajes legendarios. Y gracias a Netflix, la historia tuvo al instante una plataforma global. Para dos hermanos grecoamericanos, llevar las historias con las que crecimos a millones de personas en todo el mundo fue un sueño hecho realidad.

"Escribir no se trata de esperar a la musa. Ese es el mayor mito. Escribimos todos los días, sin importar qué."

Alexia: Muchos escritores se enfrentan a momentos en los que la página en blanco parece imposible. ¿Qué haces cuando simplemente no puedes...? ¿Tienes algo para escribir?

Charles & Vlas: Nos alejamos. Vivimos la vida. Vemos una película. Salimos a caminar. Viajamos. La inspiración rara vez llega cuando la forzamos; surge cuando estamos abiertos. Lo peor que puede hacer un escritor es castigarse por el bloqueo. A veces, la mente simplemente necesita recargarse. El truco es: no pierdas la curiosidad. Presta atención al mundo. Cuando la inspiración se recargue, estarás listo.

Los hermanos Parlaplanides me recuerdan que, en el mundo del espectáculo, la colaboración puede ser una gran fortaleza. Verlos construir mundos juntos, perfeccionar los diálogos y conectar con su herencia me hace reflexionar sobre mi propio camino: cómo la identidad y la cultura dan forma a las historias que contamos.

PUNTOS CLAVE

La colaboración como superpoder: *escribir con un compañero impulsa las ideas más allá, mantiene la honestidad del trabajo y convierte un proceso solitario en una Aventura compartida.*

La herencia cultural nutre la imaginación: *la mitología griega moldeó su narrativa, demostrando que las raíces culturales pueden ser una fuente inagotable de historias universales.*

Tómate un respiro para recargar energías: *la creatividad no se fuerza. A veces, las mejores ideas surgen cuando vives la vida, exploras y mantienes la curiosidad.*

Preguntas para escribir en un diario

1. ¿Quiénes son los colaboradores o mentores que te ayudan a mejorar tu trabajo y cómo puedes profundizar esas alianzas?

2. ¿Cómo influye tu herencia cultural o personal en las historias que cuentas?

3. Cuando me siento bloqueado/a, ¿qué experiencias de vida u observaciones pueden ayudarme a recargar mi fuente de creatividad?

Consejos prácticos

- **Honra tus raíces:** Identifica los elementos de tu Antecedentes, cultura o experiencias personales que enriquecen tu narración.

- **Dale espacio a tu mente:** Aléjate del trabajo cuando te sientas bloqueado. Camina, viaja o sumérgete en diferentes formas de arte para reavivar la inspiración.

- **Experimenta con los medios:** No tengas miedo de traducir. Adaptar tus historias a nuevos formatos —la animación, los podcasts o las plataformas digitales pueden ampliar tu alcance— puede ayudarte a alcanzar nuevas metas.

CAPÍTULO 11:
El poder de una decisión audaz con la directora Katt Shea

Conocí a Kat Shea hace años en el Hotel Peninsula de Beverly Hills. Ambas estábamos trabajando en un proyecto cinematográfico que, como muchos en Hollywood, nunca se concretó. Pero de aquel encuentro surgió algo mucho más valioso: una conexión que perduró a través de las redes sociales. Lo que nos unió fue nuestro amor compartido por los animales. Caballos, perros, animales rescatados... siempre terminábamos compartiendo historias o animándonos mutuamente en esos pequeños gestos de compasión que tanto importan.

Durante años, pensé en Kat como la intrépida directora de material oscuro y provocador. Pero cuando vino a mi podcast, me sorprendió. Quería que supiera que su perspectiva había cambiado. Ahora está comprometida con el cine familiar, las historias inspiradoras y conmovedoras, porque el mundo las necesita desesperadamente en estos momentos. Esa conversación nos abrió la puerta no solo para reconectar, sino también para idear un proyecto especial en el que trabajaremos juntas.

Alexia: Kat, tu historia es muy singular: comenzaste como actriz, pero te hiciste un nombre como directora. ¿Qué te impulsó a ponerte detrás de la cámara?

Kat: La verdad es que todo empezó cuando era niña en Michigan. Escribía obras de teatro y les cobraba a los padres para que vinieran a ver actuar a sus hijos en mi patio. (Risas) Supongo que siempre lo llevé en la sangre. Pero el verdadero punto de inflexión llegó cuando empecé a trabajar Con Roger Corman. Me adentré por casualidad en el rodaje de Segunda unidad, acepté todas las oportunidades y un día le propuse una película sobre strippers. Ni siquiera pensaba dirigirla, pero de repente solté: «¡Y la dirigiré!». Así nació STRIP TO KILL.

"No tenía previsto dirigirla.
Pero me sorprendí exclamando: "¡Y yo lo dirigiré!"

Alexia: Roger Corman te llamó una vez la mujer que podía hacer que una película de 500.000 dólares pareciera de 10 millones. Eso es tanto un halago como un reto, ¿verdad?
Kat: *(Ríe)* Oh, sin duda ambas. Roger me puso a prueba reduciendo presupuestos y plazos a la mitad, solo para ver si aún así podía lograrlo.Me hizo fuerte, ingeniosa e intrépida. Esa base me dio la confianza para dirigir POISON IVY, que terminó cambiando la carrera de Drew Barrymore y la mía.

"Tu corazón es la llave del arte,
de la conexión, de todo."

Alexia: Y lo bonito es que tu obra ha evolucionado. Empezaste con thrillers intensos, pero luego te decantaste por películas más familiares como NANCY DREW y RESCUED BY RUBY para Netflix. ¿Fue un cambio de rumbo consciente?
Kat: Por supuesto. Al principio, lo que vendía eran historias subidas de tono y provocadoras. Pero mi verdadera pasión siempre ha sido encontrar lo bueno inesperado. Las bailarinas de STRIP TO KILL no eran vulgares; eran artistas frustradas, artistas de performance. Con el tiempo, me di cuenta de que quería aportar más luz al mundo. Trabajar en RUBY cada día era un bálsamo para mi alma.

"En esta etapa de mi vida, no quiero añadir más oscuridad a la vida de laspersonas. Quiero hacer películas que inspiren y sanen."

Alexia: Ese sentido de compasión también se extiende a tu defensa de los animales..

Kat: Siempre. He rescatado caballos, he acogido perros... los animales son Son sanadores. En el set, se iluminan cuando reciben atención y se sienten motivados. También son artistas. Y, sinceramente, el amor que transmiten es el mismo amor que quiero que el público sienta al ver mis películas.

"Hasta a los animales les encanta ser el centro de atención. Ellos también son artistas."

Alexia: También eres coach de actores. Desde tu perspectiva como directora, ¿qué te lleva a decir "sí" a un papel?

Kat: Todo gira en torno a la evolución. Los actores ansían la transformación. Si un personaje empieza de una manera y termina de otra, eso es irresistible. Incluso un papel pequeño puede ser poderoso si se produce un cambio.

"Sin un arco argumental, no hay magia."

Alexia: Has dicho que tu práctica espiritual, VIDA NATURAL, te ayuda a mantener el corazón centrado. ¿Cómo se traduce eso en tu trabajo?

Kat: Se trata de abrir el corazón y dejar que el amor te guíe, en lugar del ego. No es fácil, pero lo cambia todo. Me convierte en major directora, profesora y persona. Al fin y al cabo, el corazón es la clave del arte, de la conexión, de todo.

La carrera de Kat Shea es una historia de reinvención, valentía y amor. Desde superar a Roger Corman con presupuestos ínfimos hasta inspirar al público con conmovedoras películas en Netflix, ha demostrado que la voz de una mujer tras la cámara aporta tanto fuerza como ternura. Comenzó destacando el arte en los lugares más insospechados —el escenario de un club de striptease— y continúa iluminando la belleza de la transformación, ya sea en actores, animales o público.

Para mí, reconectar con Kat después de todos estos años se siente como cerrar un círculo. Ella ya no es solo la directora que sabe cómo. Para impactar y provocar; ella es la narradora que quiere sanar e inspirar.

PUNTOS CLAVE

.

La reinvención es posible en cualquier etapa: *Kat pasó de los thrillers arriesgados a las películas familiares inspiradoras, demostrando que tu camino creativo puede evolucionar sin perder autenticidad.*

El ingenio genera confianza: *los desafíos iniciales y los presupuestos ajustados le enseñaron resiliencia, capacidad de resolución de problemas y un liderazgo intrépido.*

La empatía trasciende a los humanos: *los animales, al igual que los actores, transmiten alegría y conexión. La compasión en los pequeños gestos se traduce en un mayor impacto narrativo.*

Preguntas para escribir en un diario

1. ¿Cómo puedo dejar que el corazón y la empatía guíen mi trabajo sin comprometer la visión ni los estándares?
2. ¿En qué áreas de mi carrera o vida creativa podría adoptar ¿Reinvención o nueva dirección?
3. ¿Qué desafíos me han enseñado resiliencia, ingenio y confianza que puedo llevar conmigo en el futuro?

Consejos Prácticos

- **Sigue tu curiosidad:** Di sí a las oportunidades que Te desafían, incluso si te sacan de tu zona de confort zona.
- **Detecta la transformación:** Busca historias o proyectos con Arcos de personajes o evolución: el cambio crea conexión.
- **Lidera con amor, no con ego:** Las decisiones guiadas por el corazón inspiran confianza, colaboración y autenticidad.

- **Celebra la reinvención:** No temas dar un giro a tu enfoque creativo o público; la evolución es parte de un proceso duradero carrera profesional.

CAPÍTULO 12:
Manteniendo vivo a Bernie (y a Hollywood también) con el actor Jonathan Silverman

Jonathan Silverman es uno de esos raros actores que tiene Vivió el sueño de Hollywood —protagonizando éxitos como WEEKEND AT BERNIE'S— y aun así logró mantenerse con los pies en la tierra, constante y genuinamente amable. Cuando lo entrevisté, lo que más me impactó no fue solo la longevidad de su carrera, sino la mentalidad que lo sostuvo a través de décadas de altibajos, audiciones y reinvenciones. Es curioso cómo la vida da muchas vueltas.

Jonathan llegó a mi vida gracias a nuestra amiga en común, la actriz Maeve Quinlan, una amiga muy cercana que pensó que sería el coprotagonista perfecto para una película navideña que estábamos desarrollando. Lo que hace todo aún más fortuito es que « Weekend at Bernie's» —la película que lo catapultó a la fama— fue uno de los primeros títulos que compré para mis distribuidores italianos cuando empezaba mi Carrera como joven agente de ventas. En aquel entonces, jamás imaginé que algún día lo consideraría como colaborador en uno de mis propios proyectos.

Esa es la magia de Hollywood: es un círculo, a veces pequeño, a veces enorme, pero que siempre gira para conectarte con personas y proyectos de maneras inesperadas.

"El rechazo forma parte del trato."

Alexia: Has tenido una carrera tan larga y diversa, desde comedias muy queridas hasta apariciones como invitada en innumerables programas. ¿Cuál es la mentalidad que te ha permitido mantener tu carrera a lo largo de los años?
Jonathan: Siempre le digo a la gente: *"No te quemes demasiado ni te enfríes demasiado. Mantente tibio."*

Eso significa no dejar que los éxitos te desborden ni que los fracasos te hunda. Habrá alegrías y éxitos, pero también decepciones y fracasos. Lo único constante debe ser que ames lo que haces. Si lo amas, seguirás Adelante pase lo que pase.

Alexia: ¡Qué perspectiva tan refrescante! ¿Y qué hay de lidiar con el rechazo? Todos los actores y creativos se enfrentan a él constantemente.
Jonathan: No puedes tomártelo a pecho, o al menos no puedes dejar que siga siendo algo personal. A veces no eras el adecuado para el puesto, a veces era política, a veces era cuestión de tiempo. Si te obsesionas, te agotarás. Por eso funciona la tibieza. Te mantiene estable.

Alexia: ¡Cuánta sabiduría en eso! Si pudieras volver atrás y decirle algo a tu yo más joven, cuando estabas empezando, ¿qué sería?
Jonathan: Disfruta más del camino. Siempre estaba pensando en lo siguiente: la próxima audición, la próxima oportunidad. Mirando hacia atrás, me arrepiento de no haberme detenido más a menudo a apreciar el momento presente, incluso cuando las cosas no eran perfectas. Porque, sinceramente, el viaje en sí mismo es la recompensa.

La filosofía de Jonathan me impactó profundamente porque es totalmente opuesta a La energía frenética que a menudo glorificamos en Hollywood. No dice que no nos importe. Dice que nos importe profundamente, pero también que protejamos nuestra energía. Ese equilibrio —ese estado de "tibio"— es lo que te permite seguir Amando tu trabajo sin dejar que el trabajo te consuma.

También me encanta cómo Jonathan replantea el rechazo. Para muchos creativos, el rechazo se siente como un veredicto. Para Jonathan, es simplemente parte del proceso, y no un reflejo de su valía.

¿Y su recordatorio de DISFRUTAR DEL VIAJE? Eso se me quedó grabado. Con frecuencia, los creativos estamos tan concentrados en escalar que olvidamos mirar a nuestro alrededor y contemplar el paisaje.

PUNTOS CLAVE

Disfruta del camino: *la longevidad profesional proviene de disfrutar del proceso, no de obsesionarse con la próxima audición, oportunidad o hito.*
Despréndete del rechazo: *los contratiempos son parte del proceso, no un reflejo de tu valía. La estabilidad emocional mantiene viva la creatividad.*
La constancia supera la intensidad: *un esfuerzo constante y genuino sostiene una Carrera mucho mejor que los altibajos extremos.*

Preguntas para escribir en un diario

1. ¿En qué ámbitos de mi vida o carrera podría adoptar un enfoque "tibio" para proteger mi energía y mantener el equilibrio?

2. ¿Cómo puedo replantear el rechazo o la decepción como parte del proceso en lugar de como un veredicto personal?

1. ¿Qué momentos o experiencias estoy pasando por alto porque. ¿Estoy demasiado centrado en lo que viene después?

Consejos prácticos

- **Aférrate a tu pasión:** Identifica lo que realmente te apasiona de tu oficio y deja que eso guíe tu enfoque, en lugar de la validación externa.

- **Haz una pausa y reflexiona:** Tómate un momento para apreciar tu progreso, incluso en medio de contratiempos o en la rutina.

- **Establece límites emocionales:** No permitas que las victorias inflen tu ego ni que las derrotas aplasten tu motivación; una gestion emocional constante sustenta la creatividad.

- **Práctica constante:** Crea rutinas, hábitos y ritmos que te permitan ser constante sin agotarte.

CAPÍTULO 13:
El resplandor interior con la actriz Sofia Milos

Sofía Milos es ciudadana del mundo: nació en Suiza, Mitad griega, mitad italiana y con dominio de varios idiomas. Muchos la conocen como la detective de CSI: Miami o como la formidable jefa de la mafia en Los Soprano. Pero lo que hace a Sofía inolvidable no es solo su currículum, sino su esencia: una mezcla de fuerza, sensibilidad y arte.

Conectamos enseguida, quizá porque somos una rareza en Hollywood: dos mujeres con las mismas raíces mediterráneas que pueden cambiar de idioma en mitad de una frase. Pero, además, conecté con Sofía porque encarna la esencia de EL CORAZÓN DEL ESPECTÁCULO: la belleza interior que impulsa la creatividad exterior.

Alexia:¿Una vez te describiste a ti misma como poseedora de "la persistencia de una guerrera" pero también de "la sensibilidad de una niña". Eso me conmovió.Cómo llegaste a esa autodefinición?
Sofia: Me fui de casa muy joven y tuve la bendición —y la maldición— de conocer diferentes realidades y culturas. Mis padres inmigrantes querían que llevara una vida correcta y estructurada. Cuando elegí la actuación, mi padre, en particular, no pudo aceptarlo. Para él, ser artista era casi indistinguible de ser pecadora. Sin embargo, con el tiempo, al verme en la televisión, comprendió la disciplina y el trabajo que conlleva.

Alexia: Pero no te basaste solo en la suerte. Estudiaste durante años en el Beverly Hills Playhouse con Milton Katselas.

Sofia: Sí, durante más de una década. Nos inculcó disciplina. Había que presentarse, estuvieras enfermo o sano, porque el arte es una responsabilidad. Decía que la sociedad se mueve gracias a los sueños, y que el trabajo del artista es comunicarlos. Más tarde, estudié con Ivana Chubbuck, quien me ayudó a perfeccionar mi comunicación como actor. Distintos maestros, distintos talentos, pero todos con la misma mentalidad de responsabilidad en el oficio.

"Pasión. Curiosidad. Inocencia infantil."

Alexia: Sé que has emprendido un profundo viaje de autodescubrimiento. ¿Hubo algún momento en el que decidiste:"Necesito comprenderme mejor"?

Sofia: Desde adolescente supe que la vida era mucho más que el nombre o el lugar que me habían dado. Solía escribir en servilletas, incluso en papel higiénico, en cualquier cosa. El conocimiento es poder, sí, pero solo si lo usas. Por eso trabajo en mi mentalidad a diario. Es como un músculo; ya sea a través de la meditación, la oración, la lectura o la reflexión, lo fortalezco para poder tomar decisions conscientes.

Alexia: Una cosa que admiro de ti es cómo celebras a otras mujeres. Eso es raro en Hollywood.

Sofia: Gracias. Creo que los celos nacen de inseguridades no resueltas. Me inspiran las mujeres fuertes: Sophia Loren, Lucille Ball, Katharine Hepburn. Eran rebeldes, guerreras, y a la vez profundamente femeninas. Creo que las mujeres somos extraordinarias: encarnamos el matiz, la belleza, el detalle y la sensibilidad. Complementamos a los hombres, no competimos con ellos.

"Cuando las mujeres se apoyan entre sí, no solo brillamos — iluminamos."

Alexia: Muchas mujeres te miran y se preguntan: "¿Cómo consigue mantenerse tan radiante y fuerte?" ¿Cuál es tu secreto?

Sofia: Primero la mentalidad. Luego la constancia. Entreno de cuatro a siete días a la semana; a veces camino por la playa, a veces hago power yoga, a veces nado. Como sano, no bebo ni fumo.La pasión también es fundamental. Si no alimentas tu pasión, envejeces. Las metas alimentan la pasión. Sin ellas, la vida se reduce.

Alexia: Defínete en tres palabras.

Sofia: Pasión. Curiosidad. Inocencia infantil.

Lo que más me impactó de Sofia Milos es que la disciplina y el arte no son opuestos, sino aliados. Ya sea asistiendo a clase sin importar nada en el Beverly Hills Playhouse o tratando la mentalidad como un músculo que debe entrenarse a diario, Sofia replantea el éxito como responsabilidad: contigo misma y con los sueños que tienes la responsabilidad de comunicar.

PUNTOS CLAVE

Disciplina como responsabilidad: *la constancia en tu oficio (asistir, entrenar, aprender) es una forma de honrar tu trabajo y los sueños que comunicas.*

La mentalidad es como un músculo: *la reflexión diaria, la meditación, escribir un diario y el estudio mantienen tus elecciones conscientes e intencionales.*

Celebra, no compitas: *el verdadero poder reside en empoderar a los demás, especialmente a las mujeres, y en reconocer las fortalezas complementarias en lugar de la rivalidad.*

Preguntas para escribir en un diario

1. ¿Cómo puedo equilibrar la persistencia y la sensibilidad en mi propio ¿Vida creativa o profesional?
2. ¿Qué prácticas diarias fortalecen mi mentalidad y mi concentración, como el enfoque de Sofía para "entrenar el músculo"?
3. ¿Quién me inspira y cómo puedo celebrar sus fortalezas? ¿En lugar de compararme conmigo misma?

Consejos prácticos

- **La constancia importa:** Dedícate a tu oficio a diario, incluso cuando la motivación fluctúa.
- **Práctica mental:** Dedica tiempo a la meditación, Escribir un diario o reflexionar para fortalecer la claridad mental.
- **Celebra los logros de los demás:** Busca oportunidades para apoyar a tus compañeros, mentores y colegas; la generosidad fomenta la colaboración.
- **Sinergia física y mental:** El movimiento regular, la alimentación sana y el descanso favorecen tanto la energía como la creatividad.
- Curiosidad y asombro infantil: Afrontar la vida y el trabajo con apertura; hacer preguntas, explorar y experimentar.

CAPÍTULO 14:
Oxígeno para el alma con El gurú de la respiración Jon Paul Crimi

Algunos encuentros no tienen que ver con el aspecto "comercial" del mundo del espectáculo, sino con su esencia. Conocer a Jon Paul Crimi fue uno de esos encuentros. Nuestros caminos se cruzaron en las comunidades de bienestar y creatividad de Los Ángeles. Jon Paul es un exadicto que se convirtió en un terapeuta de respiración transformadora. Facilitadora que ha guiado a miles de personas, incluyendo estrellas de Hollywood, músicos, atletas y buscadores cotidianos, a desbloquear su propia sanación y creatividad a través del poder de la respiración.

Lo que más me impactó fue su cruda honestidad. Él no es el típico gurú del bienestar. Es directo, auténtico y ha vivido experiencias muy difíciles, por lo que habla desde la experiencia. Te contará que fue portero en clubes de Hollywood, actor en películas que probablemente hayas visto y un hombre que se perdió antes de encontrar su propósito guiando a otros.

Había oído rumores sobre sus sesiones de respiración: que Eran tan impactantes que incluso hombres adultos rompían a llorar al aflorar años de emociones reprimidas. Por curiosidad, me inscribí en una de sus clases en Los Ángeles. Lo que sucedió después fue sencillamente extraordinario. En medio de la sesión, me encontré sollozando desconsoladamente, sin sentir vergüenza alguna. Fue una liberación que no sabía que necesitaba. Su trabajo, crudo y sin pulir, va directo al corazón, sin pensar. No es de extrañar que tantas celebridades —como

Matthew McConaughey, Halle Berry y músicos que buscan superar el miedo escénico— asistan a sus clases, ya que rara vez imparte clases en Los Ángeles.

"No puedes fingir la respiración.
Simplemente te presentas y lo haces."

En una industria que exige un rendimiento constante, resiliencia y reinvención, los artistas a menudo cargan con pesos invisibles. Miedo al fracaso, al rechazo, a la autocrítica, a las heridas de la infancia. La respiración consciente no consiste en superar esos bloqueos con la mente, sino en respirar para liberarlos. Como suele explicar Jon Paul, la respiración elude el intelecto y llega directamente al cuerpo, desalojando lo que ha estado atascado durante años.

Para los actores, esto significa acceder a una verdad emocional más profunda en su oficio. Para los cantantes, libera la voz de la tensión de Dolor no procesado. Para escritores y creadores, despeja la mente y reaviva la inspiración. En pocas palabras, la respiración consciente es como limpiar el disco duro emocional, permitiendo que la creatividad fluya sin interferencias.

Alexia: ¿Por qué la respiración consciente? ¿Por qué no otra modalidad de sanación?
Jon Paul: Porque funciona. No se puede fingir la respiración. Simplemente te presentas, lo haces, y te transforma. No necesitas creer en ello, solo necesitas hacerlo.

Alexia: ¿Qué sucede en esos momentos en que la gente —como yo— simplemente empieza a sollozar en medio de la clase?
Jon Paul: Es el cuerpo liberándose de aquello a lo que la mente se ha estado aferrando. Y cuando eso se va, la gente se siente más ligera, más libre, más ella misma.

"El trauma, el duelo, el autojuicio -
todo eso se queda atascado. La respiración lo suelta."

Alexia: ¿Por qué crees que tantas celebridades y artistas te buscan?

Jon Paul: Porque el arte exige verdad. Si tienes bloqueos emocionales, se refleja en tu obra. La respiración consciente elimina las mentiras que te cuentas a ti mismo y te deja con una autenticidad pura. De ahí surgen las grandes interpretaciones y el gran arte.

Alexia: ¿Cuál es la principal conclusión que quieres que la gente se lleve después de una sesión?

Jon Paul: La sanación no se trata de perfección, sino de autenticidad. Cuanto más auténtico seas contigo mismo, más podrás conectar con los demás, y de ahí surge la magia del arte y de la vida.

Prueba esto: Un reinicio con ejercicios de respiración de 2 minutos

Jon Paul suele decir que no necesitas una sesión completa para sentir el cambio; tan solo dos minutos de respiración consciente pueden cambiar tu estado:

1. Siéntese o acuéstese cómodamente.

2. Coloca una mano sobre tu vientre y la otra sobre tu pecho.

3. Inhale profundamente por la boca, llenando primero el vientre, luego el pecho.

4. Exhale por la boca con un suspiro o sonido.

5. Continúa esta respiración circular: inhala con el abdomen, inhala con el pecho, exhala por la boca, sin hacer pausas entre cada inhalación.

6. Pruébalo durante dos minutos. Observa si surgen emociones, hormigueo o energía. Déjalo fluir sin juzgar.

Es un ejercicio sencillo, pero nos permite vislumbrar el poderoso impacto que Jon Paul tiene en la vida de las personas.

PUNTOS CLAVE

La autenticidad por encima de la perfección: *la sanación y el arte no tratan de alcanzar un estado ideal; tratan de ser reales, estar plenamente presentes y ser vulnerables.*
Creatividad liberada: *la respiración consciente libera la expresión de actores, cantantes, escritores y todo tipo de creadores al despejar el desorden emocional y mental. El verdadero arte surge de la autenticidad.*
El poder de estar presente: *el proceso no se trata de creer, sino de participar. Presentarse a la práctica, aunque sea brevemente, desencadena la transformación.*

Preguntas para escribir en un diario

1. ¿Qué bloqueos emocionales o miedos podría estar reprimiendo que afectan mi creatividad o mi vida personal?

2. ¿Cómo puedo incorporar momentos de respiración consciente a ¿Reiniciar y reconectar conmigo mismo?

3. ¿En qué aspectos de mi vida estoy priorizando la perfección sobre la autenticidad? ¿Cómo puedo acercarme más a la autenticidad?

4. ¿Cuándo fue la última vez que me permití liberar mis emociones por complete sin juzgarme?

Consejos prácticos

- **Reinicio de dos minutos:** Practica la respiración circular — inhala con el abdomen → inhala con el pecho → exhala por la boca— durante 2 minutos. Observa las sensaciones físicas, las emociones o los cambios de energía.

- **Utiliza la respiración para potenciar la creatividad: Antes de escribir, actuar o** Para resolver problemas, realiza unas cuantas respiraciones conscientes para vaciar tu "disco duro emocional".

- Acepta la vulnerabilidad: Permítete sentir plenamente sin censura ni control, tanto en el arte como en la vida.

CAPÍTULO 15:
Posibilidad identificada con la actriz Dee Dee Pfeiffer

Algunas entrevistas se sienten como reencontrarse con un viejo amigo. Cuando conecté con la actriz Dee Dee Pfeiffer, me impresionaron su franqueza y calidez. Dee Dee, la hermana menor de Michelle Pfeiffer, se labró su propio camino en Hollywood con papeles en series tan queridas como Cybill, Friends, Urgencias y, más recientemente, como Denise Brisbane en Big Sky de ABC. Pero lo que hace que su historia sea tan poderosa no es solo su trayectoria profesional, sino su resiliencia.

Desde el comienzo de nuestra conversación por Zoom, sentí una Conecté con ella al instante. Se rió mientras me contaba cómo viajaba por todo Estados Unidos para sesiones de fotos con todos sus animales a cuestas. Incluía una cacatúa. Ese detalle lo decía todo sobre quién es ella: sensata, cariñosa y auténtica sin complejos.

Dee Dee también es una alcohólica en recuperación. Ha sido abierta. Sobre su camino hacia la sobriedad y la valentía que se necesita para reconstruir no solo una carrera, sino también la propia identidad. En Hollywood, donde la imagen a menudo oculta el dolor, su honestidad es un regalo. No endulzó la realidad de su lucha. En cambio, habló de caerse, levantarse y aprender a vivir una vida basada en la gratitud y el servicio.

Alexia: Has tenido papeles increíbles en cine y televisión, pero también has sido muy abierta sobre tus luchas personales. ¿Cuál fue el punto de inflexión para ti?

Dee Dee: El punto de inflexión fue cuando me di cuenta de que no podía seguir ocultándolo. La adicción me había llevado a un lugar oscuro, y lo más difícil fue admitirlo, no solo ante los demás, sino ante mí misma. Esa honestidad fue aterradora, pero también fue la puerta a mi libertad.

"Tuve que dejar de fingir que todo estaba bien"

Alexia: Es una declaración muy poderosa. ¿Cómo encontraste el valor para dar ese paso hacia esa nueva etapa?

Dee Dee: Yo lo llamo convertirme en una "posibilidad identificada". Una vez que comprendí que no solo estaba rota, sino llena de potencial, todo cambió. Empecé a ver mis luchas no como algo vergonzoso, sino como mi mejor escuela. Me di cuenta de que podía usar mi experiencia para ayudar a otros. Eso le dio sentido a mi dolor.

Alexia: ¿Qué papel ha jugado la actuación en tu recuperación y transformación?

Dee Dee: Actuar es contar historias, y contar historias es sanar. Puedo canalizar mis heridas en personajes y hacerlos reales. Esa vulnerabilidad no es una debilidad, es una fortaleza. Cuando has vivido experiencias difíciles, aportas una autenticidad a la pantalla que ninguna técnica puede enseñar.

Alexia: ¿Cómo influye la sobriedad en tu trabajo en el set hoy en día?

Dee Dee: Me presento presente. Me presento agradecida. Ya no necesito evadir la realidad; uso mi verdad. Eso es lo que conecta con el público, no una versión pulida de mí misma.

Alexia: ¿Qué consejo le darías a otras personas del sector que luchan contra la adicción o la falta de confianza en sí mismas?

Dee Dee: No te aísles. Habla con alguien. Pide ayuda. No estás sola, aunque a veces Hollywood te haga sentir así.

"La sobriedad es como abrir la mano. Cuando está cerrada,
nada nuevo puede entrar. Pero cuando la abres,
la vida puede poner la posibilidad justo ahí."

Prueba esto: Convertirse en una "Posibilidad Identificada"

Las palabras de Dee Dee nos invitan a cambiar de perspectiva. En lugar de verte como alguien "roto" o definido por los contratiempos, pregúntate: ¿Y SI ESTE ES MI CAMPO DE ENTRENAMIENTO? ¿Y SI ESTE DOLOR ME ESTÁ PREPARANDO PARA ALGO MEJOR?

Tómate un momento para reflexionar:

1. Escribe una lucha que hayas enfrentado y que aún persista peso.

2. Junto a él, anota una habilidad, lección o fortaleza que hayas adquirido al sobrevivir.

3. Imagínate como una "posibilidad identificada", no limitada. por tu pasado, pero enriquecido por él.

Es un pequeño ejercicio, pero es el primer paso para replantear tu historia como Dee Dee ha replanteado la suya: como una fuente de autenticidad, poder y libertad.

Hablar con Dee Dee me recordó que la esencia del mundo del espectáculo no se encuentra en las luces brillantes ni en las alfombras rojas, sino en la resiliencia de quienes siguen creando a pesar de las tormentas de la vida.

PUNTOS CLAVE

Convertirse en una "posibilidad identificada": *replantear los contratiempos como campos de entrenamiento permite que el dolor personal se transforme en propósito. En lugar de ocultar o avergonzar las dificultades, considéralas como oportunidades para crecer, desarrollar habilidades y ayudar a los demás.*
Presencia ante todo, no perfección: *la sobriedad y la autoconciencia fomentan un enfoque realista del trabajo y la vida. Mostrarte plenamente presente y auténtico conecta mucho más con la gente que las apariencias pulidas.*
La conexión es clave: *la sanación y el crecimiento florecen en comunidad.Pedir ayuda y compartir experiencias previene el aislamiento y fomenta la empatía, tanto a nivel personal como profesional.*

Preguntas para escribir en un diario

1. ¿Qué lucha o revés en mi vida todavía tiene peso?

2. ¿De qué manera esa experiencia ha moldeado alguna fortaleza, habilidad o perspectiva que ahora poseo?

3. ¿De qué maneras puedo utilizar mi experiencia personal para ayudar o inspirar a otros?

4. ¿Cómo puedo mostrarme de forma más auténtica en mi trabajo o en mis relaciones hoy?

Consejos prácticos

- **Replantea tu historia:** Escribe una dificultad y junto a ella, anota el crecimiento, la lección o la fortaleza que produjo. Visualízate como una "posibilidad identificada".

- **Práctica de presencia:** Antes de trabajar o realizar proyectos creativos, tómese un momento para centrarse, reconocer su verdad y establecer la intención de estar presente plenamente.

- **Reflexión sobre la gratitud:** Al finalizar cada día, anota una cosa por la que estés agradecido, reforzando así la presencia y el arraigo.

CAPÍTULO 16:
Luchando por el más débil con el director Dimitris Logothetis

Algunas conversaciones te recuerdan por qué te enamoraste del arte de contar historias. Cuando me senté a charlar con el director y productor Dimitri Logothetis —la mente creativa detrás de Kickboxer, Jiu Jitsu y, más recientemente , Gunner , con Morgan Freeman y Luke Hemsworth— me impresionó la perfecta conexión entre su vida y los temas de sus películas.

Inmigrante, artista marcial y narrador polifacético, Dimitri se comporta con la misma lealtad, respeto y honor que transmite en la pantalla. Tras la acción y el espectáculo se esconde un hombre que cree que la disciplina es libertad y que las historias no son solo entretenimiento, sino una forma de transmitir valores perdurables.

Alexia: Has trabajado con algunas de las estrellas de acción más icónicas del mundo. ¿Por qué acción y artes marciales?
Dimitri: La acción es solo el obstáculo. Familia, lealtad y hacer lo correcto. Esos son los valores que los impulsan. Las artes marciales también me marcaron: respeto, lealtad, honor. Esa esencia se refleja en cada historia que cuento.

"Lo que realmente me interesa son los personajes que se enfrentan a probabilidades imposibles; personas que deberían perder, pero eligen luchar porque tienen un código.."

Alexia: Esas cualidades —respeto, honor, lealtad— no son siempre por las que se conoce a Hollywood.

Dimitri: Por eso escribo sobre los desvalidos. Llegué aquí con seis años. Mi padre era mecánico; la gente me decía que nunca lo lograría.Pero pensé: ¿por qué no yo? Mi padre me dijo: «Nadie es mejor que tú, nadie es más inteligente que tú. Pero nunca pienses que eres mejor que nadie». Eso se me quedó grabado. Es el espíritu del inmigrante. Resiliencia, humildad, perseverancia.

"Mis personajes no se conforman con las medias tintas. Cuando ocurre algo terrible, actúan. Hacen lo correcto."

lo que todos desearíamos poder hacer.

Alexia: Has sido escritora, directora y productora. ¿Qué fue primero?

Dimitri: Escribir. Siempre escribiendo. Contar historias fue mi camino durante mis estudios. Incluso Marty Scorsese una vez me arrebató un papel de las manos en el set y me dijo: «Escribes bien, estudia cine». La producción llegó después porque, francamente, si no producía, no podía contratarme a mí mismo. Y la dirección... eso nació de la necesidad y la confianza. Al fin y al cabo, me considero cineasta porque todo está conectado.

Alexia: ¿Cuál es el secreto para mantenerse durante mucho tiempo en este negocio?

Dimitri: Persistencia. Y confianza. Los actores aceptan proyectos cuando confían en el director y el equipo. Los compradores apuestan por lo que saben que pueden vender. Y el público solo quiere entretenerse. No hay una formula mágica. Simplemente, da lo mejor de ti, transmite pasión y sigue intentándolo.

"¿Por qué no tú? Nadie es más inteligente que tú.
Nadie es mejor que tú. Tienes derecho a triunfar.."

Alexia: ¿Y cuando la vida te derriba?

Dimitri: Aprendí de los mejores boxeadores del mundo: Ali,

Frazier, Foreman. Cuando te derriban, no te quedas en el suelo. Levántate, respira hondo y Vuelve al ring.El éxito no consiste en evitar el fracaso. Consiste en negarse a rendirse.

"Levántate de la colchoneta. Respira hondo.
Vuelve a balancearte."

Dimitri nos recuerda que las películas de acción no son solo explosions y peleas; son relatos con moraleja, mitos modernos donde el carácter sigue siendo fundamental. Sus desvalidos reflejan nuestras propias luchas: ser vistos, pertenecer, luchar por lo que amamos. Y como los luchadores a quienes ha filmado y admirado, vive según la verdad más simple y a la vez más difícil: LEVANTARSE.

PUNTOS CLAVE

Persistencia y resiliencia: *desde sus raíces inmigrantes hasta Hollywood, Dimitri destaca que el éxito radica en estar presente, mantener la confianza y negarse a rendirse. La vida nos derriba a todos; lo que importa es la decisión de levantarse de nuevo.*
Narrar historias como legado: *escribir, producir y dirigir son herramientas para transmitir valores perdurables. Dimitri concibe las películas como relatos morales modernos que reflejan luchas del mundo real e inspiran al público a luchar por lo que importa.*
Confianza y relaciones: *la longevidad se construye construyendo confianza con colaboradores, actores y público. La gente apoya a quienes son confiables, auténticos y comprometidos con su oficio.*

Preguntas para escribir en un diario

1. ¿En qué áreas de mi vida o trabajo practico la resiliencia?

2. ¿Qué valores personales quiero reflejar en mi trabajo o producción creativa?

3. ¿En qué ocasiones he afrontado contratiempos y cómo he respondido? ¿Cómo podría abordar desafíos similares de manera diferente?

Consejos prácticos

- **Define tu código:** Define tu código: Enumera de 3 a 5 valores personales o profesionales que guíen tus decisiones. Revísalos antes de comenzar cualquier proyecto.

- **Práctica de la persistencia:** Cuando te enfrentes a un revés, escribe

- **Narrar historias con corazón:** Identifica el mensaje o la moraleja subyacente en tu obra creativa. Pregúntate: "¿Qué valores perdurables estoy transmitiendo?"

- **Aprende de los desvalidos:** estudia a personas o personajes que superaron la adversidad; toma nota de las estrategias que puedes aplicar a tus propios desafíos. Elige una acción concreta para "volver a la lona". Luego, llévala a cabo inmediatamente.

CAPÍTULO 17:
Blissipline y el Corazón del Ahora con Reverendo Michael Beckwith

Algunos encuentros se sienten menos como una entrevista y más como. Elevándome a una vibración superior. Sentado con el reverendo Michael Beckwith, fundador del Centro Espiritual Internacional Agape y cuya voz conmovió a millones con El Secreto, me impresionó la forma en que transmite sabiduría, como si fuera música. Cada frase fluía con ritmo, una mezcla perfecta de sermón y melodía de jazz.

Habló de presencia, amor y armonía no como ideales distantes, sino como practices cotidianas que pueden sintonizar el alma y transformar nuestra manera de vivir.

Alexia: ¿Cómo te encontró Rhonda Byrne para EL SECRETO?
Rev. Beckwith: Fue pura casualidad. Ella tenía una escala en los ángeles, Vino a agape, me escuchó hablar y después se acercó corriendo para preguntarme Si quería participar en su película. Al día siguiente, estaba filmando con pantalla Verde. Ese momento lo cambió todo. Todavía hoy, gente de todo el mundo me Reconoce al descubrirla.

"Los verdaderos artistas viven al límite de la creatividad.
En Agape, sienten la misma urgencia y entrega.
Es una camaradería en la creatividad."

Alexia: Todo el mundo dice: "Soy espiritual". Pero ¿qué significa eso para ti?

Rev. Beckwith: Espiritual significa eterno. Somos seres espirituales, lo sepamos o no. Los padres no nos crean; nos permiten serlo. nos introduce en esta dimensión. Nuestro verdadero ser emerge de la eternidad. presencia.

"No somos seres imperfectos tratando de alcanzar la perfección; somos seres perfectos en proceso de desarrollo."

Alexia: ¿Por qué la música y la danza son una parte tan importante de tu ministerio?

Rev. Beckwith: La música es vibración. Dado que nuestro cuerpo está compuesto De un 8090% De agua, el sonido modifica literalmente nuestra química: fortalice Nuestro sistema inmunológico, ralentiza el envejecimiento y combate enfermedades. Si a esto Le añadimos el baile, las personas mueven sus cuerpos con alegría. La Verdadera música no es mero entretenimiento; es una conexión con una frecuencia más elevada.

Alexia: Se ha dicho que el miedo es el verdadero virus de nuestro tiempo. ¿Cómo podemos superarlo?

Rev. Beckwith: El miedo no se elimina, se transforma. El miedo se convierte en Emoción, la emoción en entusiasmo. Camina en la dirección de tu visión, y el miedo se Convierte en combustible.

"La disciplina nace de ser discípulo de aquello que amas. Cuando amas la práctica — meditación, afirmación, visualización— deja de sentirse como una obligación. Se convierte en una 'disciplina de dicha'. No sales de casa sin ella."

Alexia: ¿Qué sientes cuando diriges retiros en la naturaleza?

Rev. Beckwith: Los árboles están vivos. Literalmente se inclinan vibracionalmente Ante tu divinidad. El bosque es nuestro segundo par de pulmones. Cuando Despertamos espiritualmente, surge la reverencia por la naturaleza. No se Contamina lo que se ama.

> *"El árbol reconoce tu divinidad*
> *— incluso cuando lo olvidas."*

Alexia: Muchos empáticos se sienten abrumados por el dolor del mundo. ¿Cómo nos protegemos?

Rev. Beckwith: En lugar de absorberlo todo, irradia. Siente cómo te conectascon el amor, la paz o la alegría, y luego llévalo al ambiente. No seas una aspiradora. Sé la luz.

> *"La justicia sin amor es venganza.*
> *Solo el amor puede construir un mundo en*
> *el que valga la pena vivir."*

¿Qué te aporta mayor alegría y presencia? La empatía reinventada: protégete irradiando luz en lugar de absorber dolor. Tu energía puede elevarse y transformarse sin agotarse. , El reverendo Beckwith me recordó que la espiritualidad no se trata de pulir los defectos, sino de desplegarse hacia la plenitud. ¿Transformarlo en energía y acción? Ante todo, replanteó la empatía: no se trata de absorber el dolor del mundo, sino de irradiar la luz suficiente para transformarlo. Al final, me enseñó que la esencia del espectáculo —y de la vida— reside en convertirse en un instrumento afinado al amor, la alegría y la presencia.

PUNTOS CLAVE

Blissipline – La disciplina se vuelve natural cuando se basa en el amor y la alegría. La meditación, las afirmaciones y la visualización son prácticas que se realizan de forma natural, no obligaciones.

El miedo como combustible: el miedo no es el enemigo; es energía potencial. Cuando se canaliza, se transforma en entusiasmo, energía y acción.

La empatía reinventada: protégete irradiando luz en lugar de absorber dolor. Tu energía puede elevarse y transformarse sin agotarse.

Música, movimiento y vibración: el sonido y el movimiento son herramientas para elevar la conciencia, sanar el cuerpo y crear alegría. La creatividad florece en este flujo.

Preguntas para escribir en un diario

1. ¿Qué prácticas —meditación, afirmaciones, ejercicios de respiración— ¿Qué te aporta mayor alegría y presencia?

2. ¿Cómo reaccionas actualmente ante el miedo? ¿Cómo podrías hacerlo? ¿Transformarlo en energía y acción?

3. ¿En qué situaciones te sientes agotado por la energía de los demás? ¿Cómo podrías ¿Pasas de absorber a irradiar?

4. ¿Cómo influyen la música, el movimiento o la naturaleza en tu estado mental, emocional o creativo?

Consejos prácticos

- **Práctica diaria de bienestar:** Elige una práctica que te guste (meditación, escribir un diario, escuchar música, hacer yoga) y practícala de forma constante durante 10-20 minutos al día.

- **Ejercicio para superar el miedo:** Identifica un miedo actual y escribe una pequeña acción que puedas realizar para afrontarlo. Transforma el miedo en entusiasmo.

- **Irradia, no absorbas:** Cuando interactúes con el estrés o la negatividad, imagina que envías calma, amor o alegría en lugar de absorberlos.

- **Conexión con la naturaleza:** Dedica al menos 10 minutos al día al contacto con la naturaleza. afuera, observando los árboles, los sonidos y la vida a tu alrededor.Reflexiona sobre cómo te energiza.

- **Sintoniza tu creatividad:** Incorpora música, baile o ritmo a tu jornada laboral para mejorar la concentración, la fluidez y la alegría.

- **Conexión con la naturaleza:** árboles, bosques y entornos naturales El entorno responde a la reverencia. El despertar espiritual fomenta el cuidado, el respeto y el amor por el medio ambiente.

CAPÍTULO 18:
Dinero, amor y el autodescubrimiento con el comediante Kyle Cease

Demasiados en Hollywood persiguen la copa: el próximo crédito, el El próximo acuerdo, el próximo aplauso. Pero el verdadero poder reside en recordar que somos la cascada, la fuente, no el recipiente. Esa es la esencia del mundo del espectáculo.

Cuando digo que algo es mi "recurso imprescindible", quiero decir que está muy usado. y manchado de café. Para mí, LA ILUSIÓN DEL DINERO de Kyle Cease es precisamente eso: una mezcla perfecta de cambio de mentalidad y guía práctica. Es un comediante convertido en maestro transformador que se niega a sacrificar la verdad por la apariencia. Y, seamos sinceros, esa es la razón por la que está aquí.

Alexia: Empezaste como un fenómeno de la comedia en vivo y luego escribiste LA ILUSIÓN DEL DINERO. Desmintamos el mito del "artista muerto de hambre". ¿Qué cambió?

Kyle: Crecí en el mundo del espectáculo: mi tío trabajaba con Gallagher, mi abuela era titiritera en EL SHOW DE CAROL BURNETT. A los 18 ya era cabeza de cartel en clubes, a los 20 en películas. Y aun así, vivía engañado: «Cuando algo pase, seré feliz». Consigues una película → necesitas la siguiente. Nunca termina. El punto de inflexión fue este: «Cuando estoy bien de verdad, las cosas pasan». Empecé a soltar lo que me pesaba: la comida adictiva, el alcohol, incluso trabajos que no encajaban. Se abrió un espacio. Surgió una nueva carrera: comedia + transformación, teatros como el Dolby, dos libros. Me mudéde LOGRAR (forzar un resultado conocido) a DESARROLLAR (permitiendo lo que aún no puedo ver).

*"Una bellota no puede ver el bosque que hay dentro de ella.
Desarrollar supera el lograr."*

Alexia: He notado que el dinero y el amor conllevan la misma energía obsesiva: nos basta cuando lo tenemos, lo queremos todo cuando no lo tenemos. Tu frase da en el clavo: "Tu obsesión con el dinero te está costando millones". ¿Por qué perseguimos estas cosas para sentirnos importantes?

Kyle: Porque partimos de la ilusión de que NO importamos.Esta frase es más cierta: cada dólar que has ganado proviene de ti. Tú eres la cascada; el dinero es una copa que llenaste. Si te muestro la copa, la acaparas. Si te muestro la cascada, la compartes. Vuelve a ser tú la fuente de inspiración. Lo mismo ocurre con el amor: deja de delegar tu valía en una pareja o en los demás. Sé el amor que buscas.Y conocerás a personas que también están haciendo ese trabajo interior. De lo contrario, son dos adicciones que se retroalimentan.

*"Eres más grande que el dinero
—tú eres la fuente que lo creó."*

Alexia: Los artistas sienten el llamado a ayudar, a crear obras hermosas, a salvar a los más necesitados. Pero luego llega el alquiler. ¿Cómo podemos honrar esa vocación sin que nos atrape?

Kyle: Primero, analiza si tu "vocación" está realmente impulsada por viejas heridas. Muchas veces, el "debo cambiar el mundo" surge para no ser un fracaso o no ser amado. La vida bloquea esas misiones egocéntricas a propósito. Las verdaderas vocaciones llegan paso a paso: perdona aquí, di no allá, organiza este evento. Menos planes a cinco años y más obediencia diaria.

""Muchas 'vocaciones' son disfraces que usa nuestro trauma. La verdad te indica el siguiente paso, no un plan a dos años."

Alexia: Después de la pandemia, esperaba más compasión. En cambio: volatilidad. ¿Por qué?

Kyle: Porque es sanador. Sacar a la luz la ira es mejor que negarla. Sonriendo. Las identidades —«triunfador», «víctima», «marca»— se disuelven. Lo que es autodestructivo no eres tú; es un patrón que intenta desaparecer.Déjalo estar. Siéntate. Medita. Suelta el móvil adictivo. Los sistemas basados en el control están fallando, así que rendirse puede ser la clave.

"Lo que muere no eres tú, sino la mentira que hay sobre ti."

Es una medicina dura, pero efectiva. La industria no se acaba; lo que desaparece es la farsa.

Alexia: Tú también eres padre. ¿Cómo se cría a los hijos sin acallar esa voz interior?

Kyle: Límites por seguridad, libertad para el alma. El cinturón de seguridad es obligatorio. Cómo lo use, es su decisión. Le sirvo de modelo de autenticidad en tiempo real, para que aprenda que no es sus patrones, sino la presencia que los percibe. Hablamos mucho de "empuje". Kyle lo reemplaza discretamente con"honestidad". Otra palabra con h, otra vida.

Alexia: Yo digo que la vida está hecha de momentos; recordamos la escena, no siempre la trama. Así que... ¿cuál es tu próximo momento?

Kyle: Sinceramente, no hay un "Kyle" en torno al cual planificar. Cuanto más tiempo paso en silencio, más se desvanecen las viejas identidades y surgen nuevas ideas. Mi trabajo se centra en la frecuencia, no en la cantidad. Si una conciencia superior transforma silenciosamente a millones, eso supera con creces mil millones de libros escritos desde un estado inferior.

*"Prefiero estar en una frecuencia alta sin hacer nada
que en una frecuencia baja haciendo todo."*

Alexia: ¿Qué quieres que la gente espere cuando te vean en directo?

Kyle: Nada de pedestales. Estoy dispuesto a ser imperfecto, a tener miedo, a ser honesto; así que lo falso puede irse. Todos estamos en constante evolución. Si alguien luce perfecto en Instagram, eso es gestión de marca, no iluminación.

Alexia: Última tradición: tres palabras que te definan o tu mantra de vida.

Kyle: Todo eso. No estamos separados. La misión es la unidad.

*"No estás al lado del universo
—Estás hecho de ello."*

Hablar con Kyle Cease me recordó por qué su trabajo resuena tan profundamente. Muchos en Hollywood persiguen el éxito inmediato —el próximo contrato, el próximo aplauso— olvidando que son la fuente misma de inspiración. Kyle cambia la perspectiva: el éxito no se trata de lograr, sino de desarrollarse.Él muestra cómo el dinero, el amor e incluso el "propósito" pueden convertirse en adicciones si externalizamos nuestro valor. La medicina que ofrece es la honestidad radical: abandonar falsas vocaciones, disolver viejas identidades y elegir la presencia en lugar del rendimiento. Su recordatorio permanece conmigo: no persigues la fuente, tú eres la fuente.

PUNTOS CLAVE

Tú eres la fuente: El dinero, el amor y la validación son copas que nosotros llenamos. Obsesionarnos con ellas nos lleva a perseguirlas en lugar de crearlas. Recuerda: tú eres la cascada; el mundo recibe lo que generas naturalmente.

Vocación versus apariencias: Muchas "grandes misiones" son en realidad viejas heridas disfrazadas. El verdadero trabajo se realiza en los pasos presentes y cotidianos.Decir que sí, decir que no, perdonar, estar presente, en lugar de perseguir un plan a cinco años.

Preguntas para reflexionar en tu diario:

1. ¿Qué áreas de tu vida sientes que son como "tazas" que estás persiguiendo? ¿Cómo podrías cambiar el enfoque para convertirte en la "cascada"?
2. ¿Qué partes de tu "vocación" son auténticas y cuáles están impulsadas por el ego? ¿Cuál es el siguiente pequeño paso hacia la verdad?
3. ¿Dónde te aferras a viejas identidades o patrones que ¿Ya no te sirve?
4. ¿Cómo puedes priorizar la presencia, la frecuencia o la alineación sobre la productividad y el ajetreo?
5. ¿Cuándo has permitido que el desorden o la vulnerabilidad te dominen? ¿Crear conexión o crecimiento?

Consejos prácticos

- **Desarrollo diario:** Identifica una cosa que puedas hacer hoy que esté alineada con tu verdad, sin obsesionarte con los resultados a largo plazo.

- **Reinicio de la presencia:** Dedica 10 minutos al silencio, la meditación o la respiración consciente. Observa cómo cambia tu energía, tus ideas o tu perspectiva.
- **Ejercicio de frecuencia sobre productividad:** Elija una tarea hoy y abórdela con plena atención, dejando de lado la urgencia.
Observe el impacto de la calidad frente a la cantidad.
- **Honestidad radical:** renunciar a identidades falsas, patrones y expectativas sociales genera libertad. Deja morir la mentira sobre ti y permite que tu verdadera presencia guíe tus acciones.
- **Prioriza la frecuencia sobre los resultados:** Tu energía, presencia y armonía interior importan más que el ajetreo constante o los logros visibles. Una frecuencia más elevada transforma el mundo más que el trabajo tedioso desde un estado inferior.
- **Criar con autenticidad:** Ser un modelo de presencia y guía interior, no de patrones ni ego. La seguridad y la libertad permiten a los demás (y a uno mismo) desenvolverse en la vida con consciencia.
- **El desorden es crecimiento:** mostrarse como un proyecto en desarrollo permite a los demás dejar de lado las apariencias. La perfección es una ilusión de las redes sociales, no la iluminación.

CAPÍTULO 19:
El arte de vivir con propósito con Michael Nitti y Erica Nitti

Primero invité a Michael Nitti a mi propio campo de batalla: los mercados cinematográficos. Mientras me debatía entre la competencia y cómo acceder a los círculos adecuados, él sonrió y me dijo: «Ponte las pilas». Traducción: elige tu arquetipo y entra con determinación. Ese pequeño cambio transformó por completo mi festival. Hoy, Michael y su hija y coautora, Erica Nicole Nitti, comparten su método de maestría con artistas y emprendedores que buscan seguridad sin perder la esperanza.

"La maestría no es un lugar al que se llega; es un lugar del que se viene, deliberadamente." — Michael

Alexia: Michael, danos una breve sinopsis de El Efecto Trofeo y tus arquetipos.

Michael: Somos animales con un cerebro de supervivencia que escanea en busca de peligro. Si no se controla, nos vuelve reactivos: cautelosos en lugar de audaces. La maestría consiste en reconocer esa voz, agradecerle su valor de entretenimiento y elegir conscientemente quién serás. Los arquetipos son puertas prácticas hacia esa elección: dos energías masculinas y dos femeninas. Necesitas acceso a todas y la intuición para transiter entre ellas. La mayoría de nosotros subestimamos al Mago. Elígelo conscientemente y luego haz magia.

"La certeza es una práctica, no un rasgo de personalidad."
— Erica

Alexia: Erica, ¿cómo fue crecer con un padre entrenador?
Erica: No me sentía intimidada; era independiente (y un poco rebelde). El momento decisivo fue a los doce años, cuando me preguntó: "¿Así es como quieres sentirte?". Me di cuenta de que podía observar mis pensamientos y elegir de otra manera. Más tarde, un accidente de coche que casi me cuesta la vida me aclaró mi propósito: ser la luz y mostrar la luz.

Alexia: Los creativos son emocionales. ¿Cómo se enseña "maestría" sin reprimir los sentimientos?
Michael: No se trata de reprimirlas, sino de dominarlas. Pon toda tu emoción al actuar, presentar o escribir, y sigue adelante con propósito cuando el director diga «¡Corten!». La maestría no es un estado estéril, sino intencional.
Erica: Los creativos son geniales para conectar con las emociones en su trabajo, pero luego se juzgan a sí mismos fuera de cámara. El crítico interno siempre está presente. Les enseñamos a esperar esa voz, a interactuar con ella y a mantener la intención.

Alexia: ¿Y qué hay de la voz que dice "¿Y si no les gusta?"?
Erica: Aparece cada vez que subo de nivel. Ahora es una señal de que estoy progresando. Antícipalo, aprovéchalo y sigue adelante..
Michael: La duda no es la verdad; es biología. Apuesta por la excelencia de todos modos. Si no funciona, recalibra y trae más. La certeza es una práctica.

Alexia: ¿Cómo amplía el libro el coaching?
Michael: Como un entrenador deportivo, te acompañamos mientras desarrollas tus estrategias en la vida: retroalimentación, repeticiones, responsabilidad, excelencia.
Erica: Y proporcionamos un espacio seguro y honesto para ser vulnerable, reconocer tus patrones y poner en práctica la intención a diario.

Alexia: ¿Una brújula rápida para tiempos turbulentos?
Erica: Respira. Baja el ritmo. Sé curiosa. Escucha para comprender.
Michael: Prioriza los resultados y la empatía, no la cantidad. Busca el bien común y recuerda que nadie se levanta con la intención de ser "el enemigo".

> *"¿Por qué te presentarías alguna vez*
> *siendo algo menos que increíble?"* — Michael

Hablar con Michael Nitti me recordó por qué su sabiduría resuena con tanta fuerza. En un mundo obsesionado con estar en el lugar adecuado, él enseña que la maestría no es algo que se alcanza, sino algo que se elige conscientemente. Junto a Erica Nicole Nitti, su enfoque revela que la certeza no se trata de control, sino de práctica; que la duda es un fenómeno biológico, no una verdad; y que nuestros arquetipos son puertas al poder que ya poseemos. Michael nos invita a dejar de actuar para obtener aprobación y a empezar a crear desde la intención. Erica nos recuerda que la voz crítica interior es solo prueba de que nos estamos esforzando. Juntos, ofrecen una guía radical tanto para artistas como para emprendedores: no busques la validación, elige quién eres y luego crea magi

PUNTOS CLAVE

Las emociones son combustible: Canaliza tus sentimientos hacia el trabajo y el ambiente.Luego, elige tu estado entre las tomas.
La certeza se aprende: la duda la acompaña. Tú conduces.
Excelencia en todas partes: Los representantes en el supermercado cuentan. Liderar con reconocimiento e intención en cada microinteracción.
Cambios de dos milímetros: Pequeños ajustes energéticos (voz, postura, intención) modifican los resultados de forma desproporcionada.

El resultado prima sobre la opinión: en un conflicto, aférrate al resultado que deseas para el bien común.

Preguntas para escribir en un diario

1. **Identifica el guion de supervivencia:** ¿En qué momento mi mente intent "mantenerme a salvo" hoy? ¿Qué habría elegido mi yo consciente en su lugar?

2. **Análisis de arquetipos:** En el momento más difícil de esta semana, ¿qué arquetipo utilicé? ¿Cuál me hubiera servido mejor? ¿Cómo lo voy a ensayar?

3. **Reencuadre de certeza:** Escribe una carta de tu yo futuro y seguro a tu yo presente sobre el proyecto que estás presentando. ¿Qué saben ellos que tú estás olvidando?

4. **La emoción como arte:** Nombra tres emociones que requiere tu proyecto. ¿Cómo evocarás cada una de ellas en tu reunión/presentación (voz, historia, pausa, contacto visual)?

5. **Cinco reconocimientos:** ¿A quién homenajearás hoy con un reconocimiento sincero y específico, y por qué?

1. **Análisis del rechazo:** Después de un "no", enumera dos habilidades para practicar.Una creencia que reforzar y una próxima acción audaz en las próximas 24 horas.

Microprácticas (2 minutos cada una)

- **Cambio de magia:** Antes de las reuniones, susurra una sola palabra que defina la energía que necesitas (por ejemplo, "Encantar"). "Comando", "Conectar", "Bendecir". Da un paso al frente como tal.

- **Respiración Certera:** Inhala durante 4 segundos, mantén la respiración durante 4 segundos, exhale durante 6 segundos; repite 4 veces mientras recuerdas un momento en el que fuiste indiscutible . Déjate llevar por esa química.

- **Objetivo final:** Escribe el resultado deseado en la parte superior de tus notas. Si te distraes, léelo en voz alta.

CAPÍTULO 20:
Risas y agradecimientos con el productor Vin Di Bona y la escritora Erica Gerard

Nos conocimos en el Festival de Televisión Italiano, donde la conexión humana hizo lo que siempre mejor sabe hacer: abrirse paso entre el ruido. Erica me entregó una nota de agradecimiento tan atenta y cariñosa que me acompañó durante días. Vin me recordó por qué una risa sincera, compartida con la familia, sigue siendo mejor que mil mensajes al azar.Juntas, constituyen una lección magistral sobre dos valores atemporales: la gratitud y la alegría.

Alexia: Erica, ¿cómo se convirtieron las notas de agradecimiento en tu superpoder?

Erica: Aprendí desde pequeña. En primer grado, le escribí al presidente Kennedy durante la crisis de los misiles cubanos; él me respondió. Esa carta colgaba sobre mi cama y me enseñó que la escritura podía llegar a cualquiera. Aunque era tímida. Más tarde, trabajando como asistente de producción en CBS, Connie Chung me envió una nota: «Gracias por ser una chispa en la redacción». La guardé. Me prometí hacer lo mismo por los demás: verlos, nombrarlos, agradecerles. Hoy escribo a máquina (¡mi sello personal!) y envío cientos de notas al año. Las cartas mecanografiadas se abren. Y lo que es más importante, la gente se siente vista.

"Una carta mecanografiada es un foco: dice,
—Te veo. — Erica

Alexia: ¿Sigue funcionando la gratitud en el mundo digital: vídeos de agradecimiento, correos electrónicos, mensajes directos?
Erica: Usa cualquier medio que parezca genuino y adecuado para el destinatario. Si no puedes enviarlo por correo, escríbelo, escanéalo y envíalo por correo electrónico. Un breve video selfie puede ser un detalle encantador si es personal y no una actuación. Los artistas pueden integrar el agradecimiento en su obra: un músico en una partitura, un niño en un avión de papel, un ilustrador en un dibujo. Lo importante es el mensaje, no el formato.

"La gratitud es una práctica;
alegría es un servicio. — Alexia

Alexia: ¿Tu fórmula de tres párrafos?
Erica: Yo lo llamo Yo–Tú–Nosotros.

- **Yo:** Mi experiencia contigo/tu espacio (me fijé en la foto del Papa; tu pared de espectáculos).

- **Tú:** Cómo te veo como eres: tus dones, tu energía, tu impacto. (Esto s la pequeña "carta de amor" dentro de la carta)

- **Nosotros:** Un puente hacia el futuro: cómo podríamos construir juntos o mantenernos en contacto.

Alexia: Vin, en la era de TikTok, ¿qué hace que America's Funniest Home Videos sea especial?
Vin: Selección. Para cada vídeo que se emite, nuestro equipo revisa minuciosamente montones de propuestas para ofrecer lo mejor de lo mejor. Los espectadores tienen garantizadas risas y una experiencia para toda la familia. En las redes sociales, hay

que buscar a tientas; con nosotros, puedes sentarte con tus hijos, abuelos y saber que es un espacio seguro, agradable y divertido. A nivel internacional, muchos países licencian o coproducen versiones, y nosotros las intercambiamos. clips— alimenta la nave nodriza de maravilla.

> *"Yo—Tú–Nosotros: experiencia, aprecio y
> un Puente hacia el mañana." — Erica*

Alexia: ¿Qué hace que un concepto sin guion sea genial?
Vin: Sorpresa y verdad. Reacciones reales, riesgos reales. La sobreproducción mata la autenticidad. Además, toda historia — desde 60 Minutes hasta las amas de casa— se basa en el conflicto. Crea una tensión genuina sin fingirla.

Alexia: ¿Consejos para jóvenes creadores?
Vin: Dos cosas.

1. Lleva un paraguas grande, una idea clara que perdure, no solo un golpe. una vez. **Cree en tu programa y nunca aceptes un no por respuesta.**

2. Ensaya. Conoce tus respuestas. Si un ejecutivo de la cadena llama al coche, detente y ten tus puntos clave preparados.
   La persistencia y la preparación dan sus frutos.

Alexia: ¿Trabajo y vida personal? ¿Alguna vez se desconectan?
Vin: Me uno a juntas directivas donde realmente me apasiona el tema —autos, museos, universidades—, así que el servicio me motiva.
Erica: Mis cartas matutinas son mi práctica de gratitud. Caminamos, damos paseos en coche, bajamos el ritmo. Una nota puede ser terapéutica: una frase de sincero agradecimiento revitaliza el día.

""La selección de contenido garantiza las risas;
el contenido apto para toda la familia garantiza que lo
compartirás." — Vin

Alexia: Cultura y corazón: ¿los hilos italianos y judíos que aportas a tu vida y a tu trabajo?

Vin: Italia me enseñó el afecto visible y la belleza como un valor.Jamás olvidaré haber visto a un padre y a su hijo del brazo; cuando volví a casa, hice lo mismo con mi papá. Años después, la música de Cinema Paradiso en el Hollywood Bowl me conmovió profundamente; finalmente pude llorar su pérdida. Esa película es como de la familia para mí.

Erica: Como sobreviviente del Holocausto, llevo conmigo el recuerdo, la gratitud y el deber de conectar, una carta a la vez.

"Trae una idea de paraguas grande—
y nunca aceptes un no por respuesta. — Vin

Alexia: ¿Una historia de agradecimiento que cierra el círculo?

Vin: Un chico encontró mi carné de biblioteca firmado en un libro de mi época de instituto (¡décadas después!) y me escribió. Tenía dificultades de aprendizaje y había sufrido acoso escolar. Lo invité a la grabación de nuestro programa; aquello cambió algo, tanto para él como para mí.

Hablando con Erica Gerard De Bona y Vin Di Bona recordado Me pregunto por qué la gratitud y la risa nunca pasan de moda. La costumbre de Erica de escribir notas de agradecimiento no es anticuada, sino revolucionaria. En un mundo digital y ruidoso, demuestra que ser vista sigue siendo el mayor regalo. Vin muestra por qué una risa sincera, compartida entre generaciones, tiene más impacto que mil deslizamientos de dedo.

PUNTOS CLAVE

Diseña tu propio soporte. Escrito a mano, escaneado, vídeo, nota de voz— Elige el canal que realmente utiliza tu destinatario.
Propuesta de sostenibilidad. ¿Puede tu concepto perdurar a lo largo de las temporadas, expandirse globalmente y sostener una comunidad?
No exageres la realidad. Protege la sorpresa y la verdad; el público está muy atento.
Prepárate como un profesional. Ensaya las respuestas, ten a mano los puntos clave y comprométete con la llamada.
Convierte la gratitud en un sistema. Cinco minutos diarios se traducen en reputación, buena relación y mejores resultados.

Preguntas para escribir en un diario

1. **Cinco Rostros:** ¿Quién te ayudó significativamente este mes? Elabore cinco esquemas de Yo–Tú–Nosotros.

2. **Prueba del Paraguas:** ¿Cómo se adapta su proyecto actual a diferentes estaciones, países y plataformas? Enumere tres elementos ampliables.

3. **Auditoría de autenticidad:** ¿En qué aspectos de tu vida o marca estás exagerando? ¿Cómo sería la versión honesta?

4. **Dolor y combustible:** ¿Qué obra de arte te despierta emociones (al estilo de Cinema Paradiso)? ¿Cómo la honrarás en tu próxima presentación o escena?

5. **Mapa de conflictos:** ¿Qué tensión real impulsa tu idea improvisada (o con guion) y cómo la mantendrás fiel a la realidad?

CAPÍTULO 21:
Instintos de casting y la estrategia a largo plazo con la directora de casting Valerie McCaffrey

Los viernes son para conversaciones que te hagan mejor en tus Entra en escena Valerie McCaffrey: directora de casting en 121 películas, exejecutiva de studio (Universal, New Line), representante con un sexto sentido para el talento y directora cuyo cortometraje sobre la Segunda Guerra Mundial, Dirty Bomb, cosechó numerosos premios y está a punto de convertirse en largometraje. Es la definición perfecta de una profesional polifacética: directora de casting, defensora del talento y narradora con una trayectoria impecable.

Alexia: ¿De reina de belleza a modelo de casting? Cuéntanos la historia.

Valerie: Desde los cinco años supe que me dedicaría al mundo del espectáculo. Mi madre era cantante de baladas, pero priorizó a su familia; sin embargo, alimentó mi sueño: paseos de fin de semana por Hollywood Boulevard, buscando actores. Actué en la escuela, me mudé a Los Ángeles y conseguí un trabajo en Universal. Despidieron a un jefe; se me abrieron dos puertas: producción o casting. «Consiste en poner actores en películas y verlas todo el día». ¡Me convenció! Ocho años en Universal me llevaron a ser vicepresidenta de casting en New Line, y luego a trabajar en casting independiente cuando New Line se fusionó con Warner Bros.

"Los estudios buscan la longevidad;
los independientes necesitan el detonante.
El casting inteligente sirve para ambos propósitos."

Alexia: Estudio vs. independiente: ¿quién te permite realmente descubrir talentos desconocidos?

Valerie: Ambos enfoques son distintos. En Universal, contratábamos actores desconocidos y luego cerrábamos acuerdos para una segunda o tercera película. Impulsé esa idea en New Line (tras la lección de Jim Carrey y los 7 millones de dólares que pagó por La Máscara)..

Los grandes estudios necesitan nombres atractivos para el público; las productoras independientes, nombres que generen ingresos. En cualquier caso, una buena estrategia de marketing y un verdadero descubrimiento son la clave del éxito.

Alexia: ¿Por qué añadir "manager" a tus guiones?

Valerie: Me encantan los actores y tengo un don para detectarlo. Por ejemplo: Madison Thompson, de 14 años, desconocida. La contraté cuando nadie más lo hacía; luego participó en Ozark y Grease: Rise of the Pink Ladies. Mi trabajo es de defensora y estratega: papeles, ritmo, material, la trayectoria a largo plazo. Es como animar con rigor.

Alexia: Argumenta a favor de contratar a un director de casting (para los escépticos del cine independiente).

Valerie: Somos como un radar de mercado. Sabemos quién acaba de hacer la prueba, quién está a punto de triunfar, quién desea secretamente tu puesto y qué representantes están dispuestos a colaborar. No solo tenemos un nombre, sino que trazamos un mapa del panorama: viabilidad financiera, cronograma, aprobaciones y potencial futuro.

"No pierdas el ritmo: domina un área,
luego expande tu dominio."

Alexia: Diversidad: ¿se ha ido la balanza en exceso?

Valerie: Ahora es más difícil para algunas categorías (por ejemplo, hombres blancos de 50 a 60 años), pero era necesario ampliar el campo. A medida que más familias animan a los jóvenes de grupos subrepresentados a formarse y dedicarse a la actuación, las oportunidades se igualan. Se logrará el equilibrio si seguimos priorizando la técnica.

Alexia: ¿Qué hace que una persona se convierta en una estrella en una habitación?

Valerie: Entrenar es atractivo. Entra como si te necesitaran (no con arrogancia, sino con preparación). La confianza nace de la práctica, la clase y la técnica. La apariencia es subjetiva; el liderazgo, permanente. Piensa como un atleta olímpico: la práctica diaria supera la imagen de estrella de Hollywood.

"La influencia no equivale a la asistencia.
Los contactos deben leer."

Alexia: Los influencers como líderes de opinión: ¿útiles o perjudiciales?

Valerie: Para papeles secundarios, bien. Para papeles protagónicos, suenan igual que todos los demás. Los seguidores no dan entradas. Demuéstrame lo que vales.

Alexia: ¿Qué cambió para ti: las autograbaciones frente a las grabaciones en la sala?

Valerie: Las audiciones grabadas amplían las oportunidades; se puede ver a más actores. Pero las segundas audiciones deberían ser presenciales. En la grabación, hay que saberse el guion, usar un fondo neutro y ser un buen lector (sin sobreactuar ni ser rígido). Cada mirada hacia abajo es un momento perdido.

"Los videos de autoevaluación amplían el acceso;
las llamadas de seguimiento consolidan la química."

Alexia: ¿Por qué dirigiste tú misma Dirty Bomb ?

Valerie: Es una historia familiar. Supe que prisioneros judíos saboteraon cohetes V2, lo que posiblemente acortó la guerra. Esa historia me impactó profundamente. Investigué, recaudé fondos, filmé en la nieve y en un antiguo centro de detención. El éxito de los cortos dejó claro el objetivo: convertirlo en un largometraje.

> *"El entrenamiento es atractivo.*
> *La confianza que nace de la práctica llena la sala.""*

Alexia: ¿Tres palabras que te definan?

Valerie: Apasionada. Obstinada. Trabajadora.

Alexia: Yo añadiría implacable y perspicaz.

Hablar con Valerie McCaffrey me recordó por qué la maestría en Hollywood nunca es unidimensional. Ella ha vivido el sistema de estudios, ha impulsado a desconocidos hasta convertirlos en estrellas y ahora dirige historias que importan, demostrando que el guion no es un truco publicitario sino un arte...
Su recordatorio permanece conmigo: la longevidad no es suerte, sino disciplina, visión y el coraje de defender las voces antes de que el mundo las vea.

PUNTOS CLAVE

Preparación = Poder. Sin guion, con decisiones tomadas, el cuerpo alerta: entra como un colaborador.

Paquete para el largo plazo. Grandes ideas generales + talento emergente + acuerdos estratégicos.

Aprovechemos la red de contactos. Los directores de casting son centros neurálgicos de información: rentabilidad, oportunidad y buen gusto.

Las matemáticas de los influencers no equivalen a resultados. El alcance en redes sociales es un extra, nunca un sustituto. **Haz una película porque debes hacerlo.** Si la historia te conmueve profundamente, esa es la luz verde.

Preguntas para escribir en un diario

1. **Auditoría Olímpica:** ¿A qué repeticiones/clases te comprometes? ¿Semanalmente durante 90 días? Realícelos.

2. **Energía del espacio:** Escribe los tres adjetivos que quieres que la gente sienta en tu presencia. ¿Cómo los encarnarás?

3. **Mapa de la cadena de suministro:** Enumera cinco directores de casting cuyo gusto se ajuste ¿Cómo piensas darte a conocer (cortometrajes para festivales, vídeos, showcases)?

4. **Autograbación:** ¿Cuáles son los dos errores técnicos que repites? ¿Cómo los solucionas (lector, fondo, iluminación, línea de visión)?

5. Mandato narrativo: ¿Qué historia no te deja en paz y cuál es el primer paso innegociable de este mes?

Microprácticas (2 minutos cada una)

- **Golpear la página:** Mark golpea a los lados, luego pasa la página una vez mirando hacia arriba, sin mirar hacia abajo.

- **Sinopsis del director:** Enuncia la necesidad de tu personaje en una sola frase antes de cada toma.

- **Reconocimiento al reparto:** Enviar un reconocimiento específico por semana. a un representante/CD después de una sesión: cero preguntas.

CAPÍTULO 22:
Reescribiendo el concepto de "Quién lidera en los documentales de naturaleza" con la productora de vida silvestre Vanessa Berlowitz

El documental de National Geographic, Queens, recorrió cuatro años, continentes y cambió la perspectiva: sociedades animales lideradas por hembras, contadas por un equipo con una fuerte presencia femenina. La productora ejecutiva y cofundadora de Wildstar Films, Vanessa Berlowitz (exUnidad de Historia Natural de la BBC), demuestra que es posible ofrecer un espectáculo impresionante e impulsar la industria al mismo tiempo, formando nuevas voces detrás de la cámara y rindiendo homenaje a las matriarcas que la protagonizan.

Alexia: El cambio climático se hizo presente mientras filmabas. ¿Qué viste?
Vanessa: Una sequía en África Oriental que ocurre una vez cada 20 años, justo en medio de la producción. Nuestra directora, Faith Musembi, había estado siguiendo a los elefantes, incluida Selenge, una matriarca ciega. Tras una pausa por la COVID, regresó y se encontró con una devastación total; Selenge no había sobrevivido. Todos conocemos las estadísticas, pero presenciar una pérdida de esa magnitud transformó la realidad en algo mucho más profundo.

"Convertimos las estadísticas en apuestas
—La sequía no es noticia cuando tu matriarca no regresa.

Alexia: Centraste la atención en las mujeres a ambos lados de la cámara, ¿por qué y cómo?

Vanessa: Si vamos a contar historias de liderazgo femenino en la naturaleza, también deberíamos cambiar quién las cuenta. Reclutamos a dos de las pocas directoras de fotografía del mundo: Justine Evans y Sophie Darlington. Liderar y guiar. Con el apoyo de nuestros socios de cámara, capacitamos a mujeres jóvenes de Brasil, Alaska, Kenia, Tanzania y otros países: revisamos el material grabado, les prestamos equipo profesional y las promovimos a roles clave. La producción se convirtió en una academia viviente, no en una cuota.

"No contratamos mujeres por motivos estéticos;
creamos una cantera de talento.."

Alexia: ¿De dónde surgió la idea de la serie?

Vanessa: Tras años siguiendo a las matriarcas elefante para la serie Dynasties, surgió una pregunta más importante: ¿Y si nos centráramos en el poder femenino en distintas especies? Le propuse a Janet Han Vissering, de National Geographic, un reportaje único (matriarcas leonas e hienas en Ngorongoro). Ella dijo: «Eso da para una serie». Mapeamos seis hábitats y estilos de liderazgo, y descubrimos incluso más sistemas liderados por hembras de los que aparecen en los libros de texto.

"El liderazgo en la naturaleza es plural
——memoria, músculo, consenso, hermandad."

Alexia: El episodio del bonobo me impactó mucho.

Vanessa: En la República Democrática del Congo, los bonobos huérfanos morirían literalmente de pena sin consuelo constante. En el Santuario Mama Bonobo, mujeres de la zona —muchas de ellas supervivientes de conflictos — se convierten en madres adoptivas las 24 horas del día, los 7 días de la semana, reconstruyendo la confianza antes de reintroducir a las crías en recintos en el bosque. Es una sanación mutua: mujeres y bonobos se recuperan juntos.

> *"Las voces locales no son un lujo;*
> *son la verdad."*

Alexia: ¿Por qué Angela Bassett?

Vanessa: Es la reina. Domina el drama y el humor, tiene seriedad y un compromiso real con el empoderamiento de las voces subrepresentadas, en consonancia con nuestra misión formativa. Se incorporó tras ver un montaje y luego se involucró como productora ejecutiva para impulsar la serie.

> *"Angela no se limitó a narrar;*
> *defendió con vehemencia la misión."*

Alexia: Si la gente quiere ayudar, pero no puede ir a África, ¿qué resulta útil?

Vanessa: Dos opciones. Para cineastas: necesitamos voces locales; cuenten las historias de su entorno, usen técnicas audaces (humor, drama, cultura popular) para captar la atención. Para todos: apoyen a las organizaciones que descubran en la serie (por ejemplo, santuarios, unidades contra la caza furtiva), participen como voluntarios si pueden y, sobre todo, voten a favor de las políticas ambientales.

Alexia: ¿Qué pueden aprender los humanos de las "reinas"?

Vanessa: El liderazgo se manifiesta de muchas maneras. Los elefantes lideran con memoria y calma; las hienas con una fuerza implacable; los bonobos con consenso y cuidado; las leonas con una hermandad incondicional. Me encantó ver a una elefanta anciana paralizarse ante un camino desconocido y ceder el paso a una hembra más joven. Ese es también el liderazgo moderno: experiencia y humildad adaptativa.

Hablar con Vanessa Berlowitz me recordó que quién dice La historia es tan importante como la historia misma. Con Queens, redefinió los documentales de naturaleza, dando visibilidad a las sociedades animales lideradas por hembras y formando a una nueva generación de mujeres detrás de la cámara. Su trabajo hace que lo que está en juego sea visceral: la sequía no es solo un dato cuando se ve desaparecer a una matriarca elefante ciega, y la sanación no es abstracta cuando mujeres y bonobos se recuperan juntos.. Lo que permanece conmigo es su visión del liderazgo —ya sea en elefantes, hienas o humanos— como memoria, fuerza, cuidado y hermandad entrelazadas.

PUNTOS CLAVE

Entrena mientras filmas. Convierte las producciones largas en academias itinerantes con oportunidades de ascenso remuneradas.

Cuenta, no sermonees. Guíate por la historia y los personajes; deja que la conexión surja naturalmente.

Identificar los estilos de liderazgo. Crear equipos con "poderes" contrastantes (memoria, fuerza, consenso, lealtad).

Proximidad al centro. Colaborar con las personas que conviven con la fauna silvestre: ser copropietarios del punto de vista

Convierta la ayuda en algo práctico. Dirija al público hacia organizaciones, vías de voluntariado y mecanismos políticos.

Preguntas para escribir en un diario

1. **Tu mapa matriarcal:** ¿Qué estilo de liderazgo tienes? ¿Cuál es la opción predeterminada (memoria/fuerza/consenso/sororidad)? ¿En qué situación se requiere una diferente?

2. **Perspectiva local:** ¿Qué vecinos no humanos (zorros urbanos, ¿Las palomas, las pozas de marea) guardan una historia que solo tú puedes contar? Redacta una presentación de 2 minutos.

3. **Reescritura sin sermones:** Toma una escena "problemática" y replantéala por complete a través de los riesgos de los personajes y la sorpresa.

Microprácticas (2 minutos cada una)

- **Recorte a personaje:** Reemplace una estadística en su guion con un individuo con nombre (animal o humano) y un verbo.

- **Mentor Ping:** Enviar una nota específica ofreciendo revisión de un reel/rushes para un cineasta emergente.

- **Verificación de políticas:** Busque una votación ambiental actual en su área; observe la postura de su representante.

CAPÍTULO 23:
Más fuerte a través de la fe con la actriz Eva La Rue

La actriz Ava LaRue, ganadora de un premio Emmy (y artista multifacética), ha Ha alternado entre series icónicas diurnas (All My Children, The Young and the Restless), horario estelar (CSI: Miami), proyectos con temática religiosa (Finding Love in Quarantine) y tres temporadas como presentadora de Chicken Soup for the Soul: Animal Tales. Es artista, activista y optimista a partes iguales: valores bahá'ís, testimonios de rescate animal y una filosofía profesional sin plan B que se siente como una lección magistral de perseverancia. fuerza.

"El "no" suele venir de alguien
no está capacitado para decir que sí."

Alexia: Creciste con muy poco. ¿Cómo elegiste una carrera inestable sin red de seguridad?
Ava: No había red de seguridad. Eso me motivó aún más, pero no me dio miedo. Nunca se me pasó por la cabeza que no lo lograría. El plan B ni siquiera existía. Mi familia necesitaba dinero; actuar era mi pasión. Aposté todo por el plan A.

Alexia: ¿Formación temprana o directamente al trabajo?
Ava: Directamente. Anuncios infantiles, teatro musical para adolescentes, teatro con cena incluida... y luego, a tiempo completo después del instituto. De todas formas, habría

estudiado teatro. La vida me enseñó y me pagó a la vez.

"El plan B no existía.
El plan A era el plan."

Alexia: ¿Tu fe?
Ava: Soy bahá'í. Tras la muerte de mi hermano cuando yo tenía 11 años, mi madre buscó una base espiritual y la encontró. Lo que resonó en mí fue: un solo Dios, una sola humanidad, muchos profetas iguales. Y el énfasis bahá'í en la investigación independiente de la verdad. No se es parte de la fe hasta que uno elige a los 15 años. Esa apertura aún me guía.

"La investigación independiente
de la verdad: esa es mi brújula."

Alexia: Los animales y la defensa de sus derechos han sido constantes.
Ava: Siempre. Crecí montando a caballo a pelo en un pueblo rural, y más tarde, practiqué doma clásica y salto. Presentaba « Historias de animales », relatos donde los animales salvan a las personas y las personas salvan a los animales. La interdependencia es real. Y sí, me alegra que Santorini esté eliminando gradualmente los paseos en burro; el bienestar animal importa.

Alexia: «La caridad debe ser siempre una constante», es una cita tuya. ¿Qué significa para ti dar ?
Ava: Cuando la vida te golpea duro —y lo hace—, estar presente para los demás te rescata. No me refiero a alfombras rojas ostentosas, sino a servir con generosidad. Es recíproco: reconoces la valentía, no la lástima, las circunstancias, y de alguna manera esa energía te recompone.

"El servicio no es cuestión de imagen;
es presencia."

Alexia: Latina en Hollywood: ¿progreso o mero simbolismo?
Ava: Mejor que hace una década, pero aún no llegamos a la meta. Demasiadas Latinas protagonizan series; demasiadas siguen encasilladas en el papel de "empleada doméstica/ prostituta/drogadicta". " All My Children" fue innovadora con la familia Santos; "CSI: Miami" incluyó a dos latinos en el elenco principal. Necesitamos más, por favor, y no solo como cuarto personaje principal.

Alexia: ¿Regla profesional para los recién llegados?
Ava: Debes ser decidida. Si puedes "intentarlo", no es para ti. El rechazo te derrumbará a menos que el amor sea más grande. No dejes que una opinión defina tu valía. A menudo, un "no" viene de alguien más. No está capacitado para decir "sí".

> *"Si puedes 'intentar' actuar,*
> *no es lo tuyo."*

Alexia: ¿Qué sigue?
Ava: Pine Valley—una reinterpretación nocturna de Todos mis hijos. Primero el piloto; gran base de fans integrada. Crucemos los dedos.

Hablar con Ava LaRue me recordó por qué la longevidad en Hollywood no se trata de suerte, sino de convicción. Nunca tuvo un plan B, solo la pasión del plan A, y esa determinación la llevó de ser un ícono de la televisión diurna a un éxito en horario estelar, de la conducción al activismo. Lo que la fundamenta no es solo su talento, sino su brújula moral: los valores bahá'ís, el servicio como presencia y un profundo amor por los animales y su defensa de los derechos humanos. Ava insiste en que el rechazo no te define, porque la mayoría de los "no" provienen de quienes no están capacitados para decir "sí".

PUNTOS CLAVE

Creencia + habilidad. Una mentalidad positiva no es superficial; alimenta la Resistencia para entrenar, audicionar y repetir.
Los valores son estrategia. Una visión del mundo clara (la perspectiva bahá'í de Ava) simplifica las decisiones bajo presión.
El servicio regula. Cuando te sientas perdido, ayuda a alguien. Reorienta la identidad de "artista" a "persona".
La representación debe ser central, no decorativa. Impulsemos la inclusión de personas latinas en los tres primeros puestos, no como un añadido.
Protege tus aportaciones. Al principio, no leas sobre ti mismo. Resguarda tu mente creativa.

Preguntas para escribir en un diario

1. **Auditoría del Plan A:** Si eliminaras tu Plan B hoy, ¿qué tres acciones cambiarían esta semana?

2. **Replantea la estrategia del filtro:** Recuerda tu último "no". ¿Se trataba de tu valor o de su capacidad/marca? ¿Cuál es tu siguiente opción?

3. **Reinicio del servicio:** Enumera dos habilidades que puedes ofrecer este mes (leer frente a la cámara, corregir solicitudes de subvención, ser voluntario en un refugio). Elige una y prográmala.

4. Voz y valores: Escribe tu "investigación independiente de la verdad" en un párrafo. ¿Cómo influye en tus decisiones profesionales?

Microprácticas (2 minutos cada una)

- **Ánimo para enviar mensajes:** Envía una petición que has estado evitando (representante, casting, café con mentor).

- **Intercambio de créditos:** Sustituye "No fui elegido" por "Estoy acumulando repeticiones; la siguiente repetición será mañana".

- **Dejar de seguir/Recargar:** Silenciar tres cuentas que activen la función de impostor. síndrome; sigue tres que enseñen oficio.

- **Bondad hacia los animales:** Dona o difunde información sobre un refugio local; Añadir una donación automática mensual de 5 dólares.

CAPÍTULO 24:
El director ejecutivo de You, Inc. con Stage 32 Fundador RB Botto

Conozco a RB Botto desde los inicios de Stage 32, donde tuve el honor de ser invitada como una de las primeras educadoras. Impartí clases sobre cómo presentar proyectos ante festivales y mercados, y sobre cómo establecer contactos con tomadores de decisiones a nivel mundial. Conozco a RB Botto desde los inicios de Stage 32, Las mismas lecciones que había practicado durante años en Hollywood y más allá.

A través de Stage 32, también descubrí a creatives extraordinarios, entre ellos Sandi Jerome, quien hoy coescribe este libro conmigo. Ese es el efecto dominó de la visión de RB: construyó no solo una plataforma, sino un movimiento que conecta a personas de todo el mundo.

Así que cuando me senté con RB, no fue una entrevista más. Fue un reencuentro entre dos almas gemelas que creen que la creatividad, la comunidad y la mentalidad pueden cambiar el mundo.

"La vida de las personas es un reflejo directo de las expectativas de su grupo de pares." — *Tony Robbins*

"Si eres una persona creativa, ya eres el/la CEO de ti mismo/a, S.A.."

Alexia: ¿Qué inspiró la creación del escenario 32?

RB: Lo necesitaba. Como actor, escritor y productor, quería comunidad, positividad y acceso directo más allá de los intermediarios. La industria es tribal, así que construí la tribu que no pude encontrar.

Alexia: ¿Fue difícil compaginar tu plataforma con tu propia carrera creativa?

RB: Sí, al principio. Pero las relaciones son el combustible de este negocio. Todo lo que he logrado en los últimos 10 años se lo debo a Stage 32. El networking no es opcional, es cuestión de supervivencia.

Alexia: Hablemos de marca personal. ¿Cómo se convirtió "RB" en algo más que un simple apodo?

RB: Tu marca personal es tu moneda de cambio. Me convertí en RB —no en Richard— porque así conectaba la gente. Si eres creativo, ya eres emprendedor. Eres el CEO de tu propia empresa . La pregunta es: ¿cómo quieres que se perciba tu empresa?

Alexia: ¿Y qué hay del rechazo y los momentos difíciles?

RB: La experiencia cambia tu perspectiva. El rechazo ya no me hunde, me impulsa. ¿Y el antídoto para los malos momentos? Rodéate de voces positivas.Elige bien tu círculo, aléjate de lo negativo. Controla lo que puedes controlar.

Alexia: ¿Qué consejo le darías a los creativos que aún intentan abrirse camino?

RB: Deja de esperar permiso. Crea tu propio impulso.Celebra el éxito de los demás porque hay espacio para todos, y cuando ayudas a otros a progresar, tus oportunidades se multiplican.

"Celebra el éxito de los demás;
hay sitio para todos.""

RB siempre nos ha recordado: "Celebra el éxito de los demás". —Hay espacio para todos. Por eso Stage 32 se convirtió no solo en una plataforma, sino en un evento global. movimiento

Lo he visto de primera mano, como educador en Stage 32 desde el primer día, como conector descubriendo creativos como Sandi Jerome y como productor navegando por una industria global. RB construyó un escenario para el mundo y, al hacerlo, nos enseñó a todos que nuestro mayor activo no es solo nuestro talento, sino nuestra marca, nuestra resiliencia y nuestra voluntad de ayudar a otros a crecer mientras nosotros mismos ascendemos.

PUNTOS CLAVE

Eres una marca: Todo creativo es un emprendedor; eres el CEO de ti mismo, S.A. Tu imagen, tus valores y la percepción que los demás tienen de ti son tu moneda de cambio. La autenticidad importa. RB se convirtió en "RB" porque era con quien la gente conectaba.

Selecciona cuidadosamente tu círculo social: el rechazo y los momentos difíciles son inevitables. Protege tu energía rodeándote de voces positivas, eliminando la negatividad y centrándote en lo que puedes controlar. La experiencia convierte los contratiempos en combustible.

Al crecer, levantas a los demás: el éxito se multiplica cuando celebras a los demás. Ayudar a otros a tener éxito no disminuye tus oportunidades; las amplía. La colaboración, la generosidad y el reconocimiento son tan poderosos como el talento mismo.

Priorizar el impulso sobre el permiso: esperar permiso es una trampa. Crea tus propias oportunidades, actúa y toma las riendas de tu camino.

Preguntas para escribir en un diario

1. ¿Dónde te sientes aislado o con falta de comunidad? ¿Cómo? ¿Podrías crear tu propia tribu?

2. ¿Cómo definirías tu marca personal? ¿Se alinea con la persona con la que la gente realmente conecta?

3. ¿Quién en tu círculo te da energía y quién te la quita? ¿Cómo puedes cultivar tus relaciones para crecer?

4. ¿Cuándo has celebrado recientemente el éxito de otra persona? ¿Cómo te afectó?

5. ¿Dónde estás esperando permiso en lugar de crear? ¿impulso?

Consejos Prácticos

- **Ejercicio para crear una comunidad:** Identifica tres personas, grupos o comunidades con las que quieras conectar y da un paso concreto esta semana para involucrarte.

- **Auditoría de marca:** Anota cómo te presentas actualmente Tú mismo frente a cómo quieres que te perciban. Ajusta un aspect para alinear tu presencia con tus objetivos.

- **Control de energía:** Haz una lista de cinco personas que te dan energía y cinco que te la quitan. Planifica cómo pasar más tiempo con las primeras y establece límites con las segundas.

- **Celebra a los demás:** Ponte en contacto con una persona esta semana para reconocer sinceramente su éxito; observa cómo esa energía regresa.

- **Impulsa tu iniciativa:** Elige una idea o proyecto que hayas estado esperando lanzar. Da el primer paso, por pequeño que sea, sin pedir permiso.

CAPÍTULO 25:
Diez páginas al día con la escritora Sandi Jerome

Se dice que el éxito deja pistas. En el caso de Sandi Jerome, la La clave está en la constancia: escribe diez páginas al día, todos los días. Esa disciplina por sí sola podría llenar tomos enteros, pero cuando se combina con su curiosidad, sus habilidades de investigación y su enorme impulso creativo, se vuelve imparable.

Este libro tiene una segunda parte, escrita por mi clienta, Sandi Jerome. Quería incluir su perspectiva y su trayectoria para que los lectores también pudieran conocerla de quienes sienten la vocación de convertirse en creativos en Hollywood. Sandi ha absorbido información y orientación con gran facilidad, no solo de mí, sino que también es una investigadora y ejecutora asombrosamente precisa de todo lo que se le presenta. Lo hace todo con la ilusión y la alegría de una niña, y por eso nos unimos para escribir este libro.

Fue en Stage32, de RB Botto, donde conocí a una de mis clientas, Sandi Jerome. Me había presentado su guion de suspense/terror, LAST WOMAN, y le pedí leerlo; me encantó su entusiasmo. En el primer año tras firmar el contrato el 15 de marzo de 2024, ha escrito cinco guiones por encargo:

- SECUESTRADO – Adaptación del libro a guion

- AUGIE – guion original de la secuela, director asignado, siendo Producida por Little Studio Films.

- LAST POE – guion original de terror escrito con un artista de Disney Guy Vasilovich.

- JAKE Y CLARA – Adaptación del libro, david stokes (autor de el primo de Camelot, cuyos derechos fueron adquiridos por blair underwood).

- ¿ ME ACABA DE DAR EL AMOR? – guion original producido por Little Studio Films.

Todo esto se hizo con un pago diferido menor y una cláusula que estipulaba que, si el presupuesto superaba los 10 millones de dólares, se aplicarían los mínimos del Sindicato de Guionistas (WGA), lo que significa más de 600.000 dólares de ingresos para ella si las películas se producían. Nada mal para nuestro primer año juntos.

Como leerás en la siguiente sección escrita por Sandi, para ella «escribir es su vida». Escribe al menos diez páginas al día, todos los días. Además de este trabajo por encargo, escribió tres guiones originales. CHRISTMAS CALLING, EMMA AND THE CHOCOLATE FACTORY (antes christmas bonbons) y PYTHON PURSUIT (una película de terror que coescribió con nuestra editora, heidi stangeland, tras escuchar uno de mis podcasts sobre el tráfico ilegal de mascotas). Ese guion ya tiene directores y está recibiendo mucha atención.

Sandi también escribe libros. Mientras investigaba para AUGIE (la secuela de MAMA DALLAS), bromeó diciendo que tenía tanta información sobre la familia italiana de Jody que podría escribir un libro. La animé a hacerlo para proteger la propiedad intelectual de la franquicia. Lo hizo y escribió MAMA DALLAS Y AUGIE, que fue publicado por mi nueva compañía, Little Studios Publishing. Sandi fusionó su editorial, Smiling Eagle, con la mía y se convirtió en editora asociada.

Su versatilidad es extraordinaria. A eso le siguió CHURCHILL'S MUM – THE STORY OF JENNIE JEROME – AN AMERICAN HEIRESS, escrito junto al autor y experto en Churchill, David R. Stokes. Y ya está trabajando en una miniseries basada en ella.

Como guionista, Sandi comenzó escribiendo largometrajes tras graduarse del programa avanzado de guionismo de UCLA, pero se adentró en el mundo de la televisión después de ganar la beca de la Native American Media Alliance. Allí, aprendió escritura televisiva con instructores del AFI y un mentor, un guionista de televisión en activo. Desde entonces, ha creado varias series de referencia para la televisión, desde la serie de detectives adolescentes WILMA WALLABY hasta TECHNICALLY SOCCER, una comedia al estilo de Ted Lasso con gran éxito internacional.

En su tiempo libre, perfeccionaba sus guiones, creaba sitios web y diseñaba material de marketing para sí misma y para Little Studio Publishing. ¿Cómo lo hace? Porque Sandi es una profesional. En su anterior carrera como dueña de una empresa de tecnología, nunca dejó de considerarse escritora. Incluso en los aviones, volando 200.000 millas al año, escribía.

Con mi ayuda como su representante, ahora combina su talento artístico con una carrera que le resulta creativamente gratificante y económicamente prometedora. Y aunque no tengo clientes favoritos, Sandi está entre mis preferidas.
Me enorgullece presentar la siguiente sección de mi libro, escrita por una de mis escritoras favoritas, Sandi Jerome, quien demuestra, día a día en día (diez páginas), que la persistencia es la verdadera moneda de cambio de los sueños de Hollywood.

SEGUNDA PARTE
SANDI JEROME

CAPÍTULO 1
Una historia de origen

¿Por qué estoy haciendo esto?

Existen miles de libros sobre cómo escribir Los guiones cinematográficos suelen explicar dónde colocar los encabezados de escena, cómo formatear los diálogos o qué significa realmente un «beat». Este no es uno de esos libros.

En cambio, se trata del POR QUÉ. Porque, seamos honestos: después de recibir una mala cobertura o otro correo electrónico de rechazo, es posible que te encuentres pensando:

"¿Por qué soy guionista?
¿Por qué me hago sentir tan miserable?"

Yo también me lo he preguntado. La respuesta siempre es la misma: porque soy narrador.

El corazón de la narración

Cuando los directores o actores ganan premios, es fácil olvidar que se apoyan en los hombros de los guionistas. Nosotros construimos los cimientos. Nosotros creamos los mundos. Nosotros sabemos qué sucede después antes que nadie.

Cuando escribo, desaparezco. Dos semanas se esfuman en una niebla creativa donde vivo dentro de mis personajes. Si ellos caminan por las calles de Detroit, en mi imaginación, yo también. Es una especie de «método de escritura»: los encarno por completo.

Y no, la IA no puede hacer esto. (Podría ayudarte a formatear tu esquema) Es más rápido, pero nunca te permitirá recorrer Detroit en tu cabeza como lo hace un escritor.

Domando gatos

Si has leído la primera parte, ya has visto cuántos viajes En este negocio convergen actores, directores y productores. Como guionista, tu trabajo consiste en entregarles la historia que unifica todo ese caos.

El director Jay Russell lo expresó mejor en el podcast de Alexia: *"Dirigir, en gran medida, es como intentar atrapar gatos: como los gatos se dispersan en todas direcciones, hay que conseguir que estén juntos en la misma habitación."*

Escribir guiones también es así. Ideas, personajes, diálogos... todo se dispersa en tu cabeza como una manada de gatos hiperactivos. Tu trabajo consiste en reunirlos para que encajen en una misma historia.

Superar la duda (y el edadismo)

Llevo años escribiendo, pero solo recientemente lo he aceptado. como mi principal actividad profesional. Cuando me quejé a un colega de que Coverfly solo muestra los premios recientes de concursos, no se anduvo con rodeos: *"Probablemente sea porque piensan que es hora de que te hagas a un lado y dejes que alguien más joven tome las riendas."*

¡Ay! ¡Eso sí que dolió!

Pero entonces Dimitris Logothetis me dio la perspectiva que yo Nadie tiene más derecho a triunfar que tú, gracias a tu determinación. Se necesita: "¿Por qué no tú? Nadie es mejor. Nadie es más inteligente

Y Betsy Sullenger me recordó la importancia de la alegría: *"Ahora que soy mayor, por Dios voy a experimentar la plenitud de la alegría en lo que hago. Y voy a contratar jefes de departamento que sean alegres y compartan mi forma de Pensar."*

He adoptado esa mentalidad. Evito a la gente negativa. Me despierto Me alegra escribir.

¿Y Ariana Savalas? Ella me dio mi mantra favorito: *"El mayor consuelo que me dio mi padre fue este: nunca es demasiado tarde. Nunca, nunca, nunca. Mi padre se convirtió en un símbolo sexual a los 50 años."*

Así que no, no soy "demasiado viejo". No es "demasiado tarde". Y tampoco eres.

El día en que me convertí en guionista

Puedo precisar el día exacto, hace más de veinte años, en que yo Decidió convertirse en guionista.

Estaba en un bufete de abogados de Portland, ayudando a un cliente a patentar su "idea millonaria". (Spoiler: no gané un millón). Su aplicación, "One in the Music", supuestamente conectaba a personas según sus gustos musicales. ¿Flores? Demasiado anticuado. Su versión del romance era enviarse canciones.

No fue un trabajo remunerado. Recibí acciones a cambio de escribir su algoritmo. Como estoy escribiendo este libro en mi escritorio en lugar de en mi yate, ya se imaginarán cómo terminó la cosa.

No fue un trabajo remunerado. Recibí acciones a cambio

de escribir su algoritmo. Como estoy escribiendo este libro en mi escritorio en lugar de en mi yate, ya se imaginarán cómo terminó la cosa.

A la hora del almuerzo, terminé en la sala de descanso con el hijo de uno de los abogados. Estaba leyendo Crepúsculo. El chico me dio la mejor recomendación que jamás había escuchado; fue tan buena que ese mismo día salí del trabajo y fui directo a Barnes & Noble a comprar el libro de Stephenie Meyer.

Esa noche, me iluminó la mente: ¿y si pudiéramos hacer copias de seguridad de nuestros pensamientos como si fueran ordenadores? Imaginé a un villano, moribundo, que hace copias de seguridad de sus pensamientos. su mente y la transfiere a un niño pequeño y brillante. Era una gran idea para una película.

La noche siguiente, volví corriendo a Barnes & Noble. Directamente fui a la sección de guionismo. Tomé LA GUÍA DEL ESCRITOR PARA ESCRIBIR TU GUIÓN de Cynthia Whitcomb. Al hojearla, tuve otra Revelació:
Los guiones parecían código. En lugar de darle instrucciones a una computadora, se las daban a un director, un escenógrafo y un actor. Un guion era un programa para una película. Yo era programador. Podría ser guionista.

"Un guion es un programa para una película.."

Las probabilidades (y por qué no importan)

Entonces llegó el golpe bajo. En la contraportada del libro de Cynthia Era una lista de guiones que había escrito y vendido. ¿La sorpresa? ¡Cuántos nunca se produjeron!

Piénsalo. El Sindicato de Guionistas (WGA) tiene unos 25.000 miembros. Cada año se registran 50.000 guiones. ¿Mi estimación? Que hay 100.000 guionistas activos compitiendo por un número limitado de plazas.

Pero aquí está la buena noticia: el año pasado, cientos de nuevos Se produjeron películas y series. Compárese eso con el programa de astronautas de la NASA: de 12.000 solicitantes, solo 10 son aceptados. En Hollywood, las probabilidades son mayores.

Y además, no dejé que las dificultades me impidieran construir y Vender una empresa tecnológica. ¿Por qué dejar que me detengan ahora?

Para mí, el fracaso solo se produce cuando uno se rinde. Todo lo demás es práctica.

Mi supuesto éxito "de la noche a la mañana"

Avancemos veinte años.

Mi representante, Alexia, me fichó en 2024 con Little Studio. Gestión de películas. En mi primer año, escribí y vendí cinco guiones con acuerdos de pago diferido. Si el presupuesto supera los 10 millones de dólares, ganaré más de 600.000. Nada mal para un novato sin afiliación al Sindicato de Guionistas (WGA).

Pero la verdad es que hasta ahora solo he recaudado 2.500 dólares. Esa es la realidad de los acuerdos con pagos diferidos. Si lo que buscas en este negocio es dinero fácil, te llevarás una gran decepción.
No soy un éxito de la noche a la mañana. Soy un éxito de veinte años. éxito.

¿Tienes lo que se necesita? (SECUESTRADO)

Richard Bach dijo: "Un escritor profesional es un escritor que no se rinde".

Esa se convirtió en mi guía. La prueba de que tenía lo que se necesita llegó con HIJACKED.

Adelantándome a los acontecimientos

Mi arma secreta es la previsión: preparo la maleta con una semana de antelación para los viajes. Dejo lista la ropa del día siguiente antes de acostarme. Y sí, escribo sinopsis para proyectos que nadie me ha encargado.

Así fue como ocurrió HIJACKED.

Alexia mencionó casualmente a un productor que buscaba los derechos de un libro sobre el secuestro de un avión de FedEx. Esa noche, encontré el Leí el libro y redacté un borrador. A la mañana siguiente, se lo envié a Alexia.

Ella no me lo había pedido. Probablemente pensó que estaba loco. Pero aun así me lo reenvió.

Eso fue lo que me consiguió la reunión.

Fe, raza e integridad narrative

Algunos productores habían evitado el proyecto porque el secuestrador era negro y los pilotos blancos. Tras el caso de Rodney King, parecía un campo minado.

Pero para mí, no se trataba de raza. Se trataba de violencia en el lugar de trabajo, codicia, fe y heroísmo inimaginable.

Esa claridad volvió a hacer viable la historia.

Productores, productores, productores

Y aquí está la lección: una vez escrito el guion, comenzó la verdadera maratón. Grabaciones, reescrituras, notas. Los productores se sumaron al proyecto.
De repente, se unieron más productores. Así es como se hacen las películas. Los guiones no se mueven solos. Atraen productores como percebes hasta que uno de ellos tiene la influencia (o la suerte) para llevarlos a buen término.

¿Y mi primera idea?

¿Y qué hay de BACKUP, la idea que lo inició todo? Veinte años después, ningún productor lo ha leído. Ni uno solo. Pero no pasa nada. Porque lo importante no es un solo guion. Lo importante es la constancia. Lo importante es escribir el siguiente.

Cierre

Escribir no es mi "tercer acto". No es un pasatiempo. Es mi vida. Me despierto con ganas de escribir. Fracaso mucho. Me rechazan constantemente. Y sigo adelante.
Si sigues aquí, sigues leyendo, sigues soñando, entonces tal vez escribir también sea tu vida.
Así que la única pregunta que queda es: ¿Tienes lo que se necesita?

CAPÍTULO 2
La combinación perfecta de herramientas, habilidades y práctica

Educación: ¿La necesitas?

"Desperdiciaste 150.000 dólares en una educación
que podrías haber obtenido por 1,50 dólares en recargos
por retraso en la biblioteca pública."
—Matt Damon en EL INCOMPARABLE WILL HUNTING

El estudiante accidental

No nací con talento innato para NADA. Era tímida. Tartamudeaba. Podía tropezarme con una horquilla en una alfombra de pelo largo. Mi madre solía bromear diciendo que la coordinación me era completamente ajena. Y, sin embargo, gracias a mi pura terquedad, me convertí en oradora pública, compartí escenario (¡y salón!) con la Primera Dama Barbara Bush, e incluso obtuve la certificación como instructora de yoga.

Esa es mi historia en pocas palabras: tengo miedo de todo, pero estoy dispuesta a enfrentarlo con todas mis fuerzas hasta que lo resuelva.

Así que, por supuesto, también me volqué en la educación. Empecé Entré en Agricultura Internacional porque mi plan original era enseñar al mundo a cultivar alimentos. De ahí pasé a la agroindustria, luego a los negocios, después a la contabilidad y la informática. Y finalmente, de alguna manera, me dediqué a la escritura de guiones.

Este capítulo no trata sobre mi trayectoria profesional zigzagueante. Trata sobre la educación y si importa si quieres ser guionista.

Títulos universitarios, escuelas de cine y la gran pregunta

¿Necesitas un máster en Bellas Artes? ¿Una licenciatura en Filología Inglesa? ¿Una escuela de cine?
Para escribir para televisión, la universidad puede ser valiosa por los contactos, los profesores que conocen a los productores ejecutivos, los talleres que simulan las salas de guionistas y los compañeros que se convierten en colaboradores. Para largometrajes, no estoy convencido de que importe.

Si tienes talento innato y una gran idea, puedes hacer lo que yo hice: comprar un libro, descargar un programa de guion y empezar. El primero que compré fue *The Writer's Guide to Writing Your Screenplay* de Cynthia Whitcomb. Desde entonces, probablemente he comprado una docena. ¿Mi favorito ahora? AN INSIDER'S SECRET: DOSTERING THE HOLLYWOOD PATH de Alexia Melocchi. Ese libro me convenció de que necesitaba representación, y aquí estamos.

Pero volvamos a la universidad. Aunque ya era contador público certificado y consultor informático, con un sueldo de entre 3500 y 5000 dólares diarios a principios de la década de 2000, quería aprender a escribir guiones como es debido. Así que fui a la UCLA.

UCLA, USC, AFI y los pesos pesados

El programa de guionismo en línea de UCLA fue mi puerta de entrada. ¿Mis profesores? Jack Sowards (STAR TREK II: LA IRA DE KHAN) y Jim Schmerer (MACGYVER, CHIPS, LA ISLA DE LA FANTASÍA). Nos dijeron a mí —y a mi compañera Dana Biscotti Myskowski— que éramos las mejores de la clase. Ese aliento me inspiró muchísimo.

Entre los graduados de UCLA se encuentran Francis Ford Coppola y Alexander Payne. (SIDEWAYS) y David Koepp (JURASSIC PARK). No está mal. compañía.

Por supuesto, algunos sostienen que la Escuela de Artes Cinematográficas de la USC es el referente. Entre sus exalumnos se encuentran George Lucas, Shonda Rhimes y John Singleton. Su programa se centra tanto en los contactos con la industria como en la técnica.

Cuando gané la Alianza de Medios Nativos Americanos Durante mi época de estudiante, mi mentor, Matt Black (UMMA con Sandra Oh), también era profesor en el AFI. El AFI es más pequeño, más íntimo y se centra en la mentoría, con exalumnos como David Lynch, Darren Aronofsky y Sam Esmail (MR. ROBOT). Matt admiraba tanto a Lynch que se tatuó una oreja en el brazo, inspirada en Blue Velvet. (Confieso: odié Blue Velvet).

¿NYU Tisch? Realeza de la dramaturgia: Kenneth Lonergan (MANCHESTER BY THE SEA), Tony Kushner (ANGELS IN AMERICA), Donald Glover. Columbia? Kathryn Bigelow (THE HURT LOCKER), James Mangold (LOGAN), Simon Kinberg (XMEN).

Pero aquí viene lo mejor: uno de mis dos guionistas favoritos, Aaron Sorkin, no estudió guionismo. Estudió actuación teatral en Syracuse. Su talent natural brotaba de su pluma. Y mi guionista de televisión favorito de todos los tiempos, Chuck Lorre (The Big Bang Theory, Two and a Half Men, Young Sheldon), dejó la Universidad Estatal de Nueva York para componer canciones, incluyendo la de Las Tortugas Ninja. Nunca volvió a la universidad, pero sí recibió un título honorífico. Me gusta pensar que primero pagó sus multas de la biblioteca.

Entonces... ¿Lo necesitas?

Esta es mi opinión:

- **No, no lo necesitas.** Muchos grandes nunca pisaron una película. escuela.

- **Sí , puede ayudar.** Si eres joven, te da contactos y confianza. Si eres como yo —«con un talento innato algo escaso»— la educación puede ayudarte a adquirir habilidades.

Si tienes tiempo y dinero, adelante. UCLA, USC, AFI, NYU, Columbia: elige la que quieras. ¿Si no? Compra un par de libros, lee guiones, descarga Final Draft (o el gratuito Fadeln). Escribe.

No malgastes años en una maestría en "Escritura Creativa" pensando que los sonetos de Shakespeare te convertirán en guionista. La escritura de guiones trata sobre personas, acción y diálogo, no sobre poesía isabelina.

Matt Damon y Ben Affleck lo demostraron con GOOD WILL HUNTING. Ganaron el Oscar sin una maestría en Bellas Artes. La frase de Damon en la película sigue vigente: la educación puede ser la mejor inversión, o el mayor despilfarro de dinero.

La educación que necesitas depende menos de la matrícula y más de tu determinación..

Encontrar tiempo para escribir

Independientemente de los títulos, esta es la verdadera educación: presentarse cada día.
Escribo diez páginas al día, todos los días. Eso son más de veinte guiones,varios episodios piloto y un montón de libros. ¿Mi secreto? Me levanto a las cuatro de la mañana.
Desde las cuatro de la mañana hasta el mediodía es sagrado. Es tranquilo, es mío, y esproductivo. Cuando dirigía mi empresa de software, usaba esas horas para programar. Ahora las uso para escribir.

¿Viajar 200.000 millas al año como consultor? Escribía en aeropuertos, en aviones, en hoteles. Hoy escribo en un escritorio con cinta de correr.Mientras registro mi carrera diaria de 5 km, también registro las páginas nuevas que visito.
Escribir es mi trabajo, mi afición y mi ejercicio.

Mi némesis: las reuniones por Zoom

¿Qué es lo que no me gusta? Zoom.
Las reuniones por Zoom son un agujero negro para la productividad de los escritores. No se puede escribir mientras se espera a alguien que puede que ni siquiera aparezca. Las notas se confunden. Los productores olvidan lo que dijeron la última vez.

Una vez pregunté si podía cambiar el personaje principal, eliminar personajes, y alterar la trama. «Sí, tienes control absoluto», dijeron. Entregué el primer acto y me respondieron: «No, déjalo todo igual».

Esa es la realidad. Hasta que no seas Shonda Rhimes (quien, como es sabido, dejó de tomar notas en SCANDAL después de la primera temporada), tienes que adaptarte.

Reescribir. Ceder.

Mi consejo: después de cada reunión, envía un correo electrónico resumiendo las notas. Así, si alguien olvida lo que pidió, tendrás constancia.

Empezando

La gente suele decirme que tiene "una idea para una película". ¿Mi respuesta? ¡ANÓTALA!
Guardo cuadernos por todas partes. Me envío ideas por correo electrónico. Incluso le dicto a Siri. Pero aquí está la clave: las ideas no son guiones. Si lo dices en serio, Lee guiones reales. Escribir en ese formato no es natural; se aprende.

Y sí, invierte en software. Los guiones tienen un formato rígido por una razón. Si luchas contra documentos de Word, te rendirás antes de empezar.

Software para guionistas: Las herramientas del oficio

Las he usado todas: Movie Magic Screenwriter, Final Draft, FadeIn. Aquí está la versión corta:

- **Final Draft**: Un peso pesado de la industria. El 95% de Hollywood lo usa. Caro, engorroso , pero estándar. Si quieres colaborar, acabarás usándolo.

- **FadeIn**: Elegante, económico y potente. Mi favorito para escribir con claridad. Sin embargo, la exportación a Final Draft no es perfecta.

- **Movie Magic Screenwriter**: De la vieja escuela. Excelentes plantillas, sobre todo para obras de teatro y novelas. Menos intuitivo, pero aún útil.

Otras opciones que vale la pena mencionar: WriterDuet (colaboración en tiempo real), Celtx (favorito indie con herramientas de producción), StudioBinder (complete pero excesivo para algunos), Highland (minimalista, creado por John August).

Al final, la herramienta no importa. Lo que importa es la historia. Pero una herramienta inadecuada puede retrasarte. Así que elige una que te saque de tu zona de confort. forma.

Reflexión final

Cuando dirigía mi empresa tecnológica, trabajaba jornadas de 14 horas, programando software de nóminas, reuniéndome con inversores y dirigiendo un equipo. En comparación, escribir me resulta fácil, porque tengo las herramientas, la disciplina y el amor por ello.

¿Necesitas educación formal? Tal vez sí, tal vez no. Lo que definitivamente necesitas es tenacidad, tiempo y perseverancia..

Porque en la escritura de guiones, como en la vida, el talento es solo el comienzo.

CAPÍTULO 3
El negocio del espectáculo (y las lecciones aprendidas)

Encuentra una estructura

Si pudiera retroceder veinte años, habría aprendido mejor sobre ESTRUCTURA.
En UCLA, me inculcaron la clásica estructura de tres actos: planteamiento, confrontación y resolución. Es el esqueleto de casi todas las películas de Hollywood. Pero lo que no comprendí entonces es que existen muchas más maneras de construir una historia.

Hallmark, por ejemplo, utiliza una estructura de nueve actos. Durante miEn mi programa de becas de la Native American Media Alliance, mi instructor del AFI nos enseñó la estructura de ocho secuencias. Y hoy, para la mayoría de los guiones, mi recurso principal es «Save the Cat», la guía narrativa de Blake Snyder que tantos guionistas (incluida mi representante, Alexia) consideran indispensable.

Si tienes Final Draft, puedes hacer trampa. Simplemente haz clic en "Nuevo desde

Ve a «Plantilla», luego a «Estructura» y selecciona «Save the Cat» de Blake Snyder. Sin embargo, para el terror, prefiero la estructura de ocho secuencias, así que en Final Draft cambio a «Acto y Secuencia».
Lo cierto es que cada género tiene su propia estructura. Y una vez que conoces las reglas, tu trabajo consiste en darles un giro.

.Evan Daugherty lo expresó mejor: *"Sin duda existe una fórmula, pero el desafío creative radica en cómo tomar algo que es una fórmula y hacer que se sienta novedoso y reestructurarlo de una manera sorprendente"*.

Y como explicó Jon Eskenas, ejecutivo de Hallmark, sobre sus películas para televisión de 9 actos: *"Normalmente, una película de Hallmark tiene nueve actos, ocho pausas comerciales. El primer acto dura unos 20 minutos, el resto entre siete y diez minutos, y el cuarto acto termina a la hora de duración"*.

Me llevó una eternidad conseguir la estructura correcta. Al final, me di por vencido e hice lo que cualquier exprogramador haría: escribí un programa de IA en Claude para rastrear los ritmos de Hallmark y asegurarme de que mi guion se mantuviera en el camino correcto. Sí, literalmente programé mi propio verificador de estructura

Escribir una variedad de guiones

Toda empresa necesita inventario. Para los escritores, ese inventario... Se le llama guion de muestra: tus muestras, tus tarjetas de presentación.

Cuando era dueño de mi empresa de software, la llamábamos una Demo beta. Tenías que mostrar a los inversores algo tangible. Escribir guiones es igual. No puedes presentarte a una reunión con un solo guion y esperar venderte como escritor.

Tengo thrillers, terror, fantasía, drama familiar, comedia, ciencia ficción... Ficción, comedias románticas, guiones navideños de Hallmark y varios episodios piloto para televisión. Algunas las escribí en habitaciones de hotel y en aviones mientras trabajaba a los 14 años. Trabajaba horas al día como consultor. Algunos proyectos fueron seleccionados para las becas

Nicholl o el Festival de Cine de Austin, pero la mayoría distaban mucho de ser "perfectos".

Solo después de vender mi empresa y poder dedicarme a escribir a tiempo complete Comencé a elaborar lo que yo llamaría especificaciones "profesionales". Las becas de diversidad también me ayudaron: gané la beca de la Native American Media Alliance, que me enseñó a escribir para televisión y me ayudó a transformar algunos de mis largometrajes en episodios piloto.

.

No te encasilles. Escribe en diferentes géneros.
Tu inventario de guiones es tu escaparate.

Cobertura y comentarios

Esta es la dolorosa verdad: tu guion "perfecto" probablemente no lo sea. Perfecto. Lo que probablemente necesitas es una (o todas) de estas tres cosas:

1. Mejor estructura de la trama

2. Mayor desarrollo del carácter

3. Diálogo más ágil

¿La única forma de averiguarlo? Comentarios.
He tenido lectores que se centraban únicamente en el FORMATO, y sinceramente, esos comentarios me sacan de quicio. Un tipo marcó casi todas las etiquetas de título de mi guion. Me enseñaron a escribir:

EXT. CHICAGO, SUBURBIOS, CASA, COCINA – DÍA
Ahora la tendencia es:
EXT. CHICAGO – SUBURBIOS – CASA – COCINA – DÍA

¿Realmente importa? Probablemente no. Pero los lectores quisquillosos defenderán esa postura a capa y espada.

Mi consejo: lee todos los artículos que puedas sobre el formato de guion y crea tu propia lista de verificación. La mía incluye buscar espacios dobles después de los puntos (una costumbre que me quedó de las clases de mecanografía) y cambiar las rayas dobles por simples. Es tedioso, pero te evita darle a un lector aburrido material para criticar.

Pero los comentarios positivos —de esos que duelen al principio— te hace mejor —dice alguien como Heidi, clienta de Alexia y también escritora y editora—. Heidi me dijo una vez: «TUS PERSONAJES NO SUENAN TODOS IGUAL. NECESITAN VOCES ÚNICAS».

Me dio correcciones específicas para cada línea, y tenía razón. Ahora, pruebo los diálogos eliminando los nombres de los personajes y leyendo la escena en voz alta. Si no puedo identificar quién habla solo por la voz, el guion...

No es lo suficientemente fuerte. Ahora confío tanto en Heidi que la contrato para toda mi cobertura, e incluso coescribimos novelas de suspense y terror juntas.

Aprende a amar las notas difíciles. Duelen, pero son como creces.

Concursos: ¿Participar o no?

Soy una adicta a los concursos. Lo admito.
Y no ha sido una pérdida de tiempo. He tenido guiones entre el 3% mejor valorado en Coverfly, varios en la Lista Roja y cinco entre el 20% mejor. Dos de mis guiones, LAST HAND y FIRST

MAN, llegaron a los cuartos de final del Premio Nicholl entre 6000 participantes.

Al principio, me encantaban los concursos porque me daban reconocimiento y visibilidad. Sí, te rechazarán. Sí, dolerá. Pero las observaciones de los evaluadores de los concursos suelen ser las mismas que oirías de los evaluadores de agencias y productoras. Aprender a sobrellevar esas críticas es parte del aprendizaje.

Jonathan Silverman lo expresó mejor: *"Asegúrate de amar lo que Lo estás haciendo. Porque habrá alegrías y éxitos, pero también dolor y fracasos. Mientras lo ames, eso es lo que importa."*

El lado positivo de los concursos

- **Exposición y reconocimiento:** Los finalistas suelen ser leídos por productores y ejecutivos.

- **Establecer contactos:** Muchos concursos organizan eventos donde puedes Conocí a compañeros y mentores. Una vez gané un concurso de presentación de proyectos para un reality show (WINNERS), lo que me permitió reunirme con gente en los estudios de Warner Bros. No estaba preparado (error de principiante), pero la oportunidad era real.

- **Premios en efectivo:** Después de veinte años participando, ¡finalmente gané 200 dólares con una pieza de YOUNG SHELDON! (Tal vez alcanzó para dos días de compras, pero aun así, ¡me sentí genial!)

- **Validación:** Una colocación puede darte la confianza para seguir adelante.

El lado negativo de los concursos

- **Negatividad:** Una vez conocí a un lector de un concurso que admitió que reutilizaba notas antiguas cuando estaba cansado. Imagínate pagar 50 dólares para que alguien lea tu guion por encima y te dé comentarios copiados y pegados.

- **Subjetividad: Es un concurso de belleza. Algunos lectores lo adoran hEl** terror, a algunos les disgusta. Otros están de mal humor. Es cuestión de suerte.

- **Costes:** Las entradas se acumulan rápidamente. Es como apostar: muchas monedas, pocos premios..

Recompensas limitadas: Incluso ganar no garantiza representación ni ventas. Aún tienes que esforzarte.

Como dice Alexia: "Nunca leas artículos de alguien que no esté dispuesto a firmarlos ".

Utiliza los concursos como ruedas de entrenamiento, no como toda tu estrategia profesional.

IA y cobertura

Nos guste o no, la IA se está introduciendo sigilosamente en la cobertura de guiones Los estudios ya utilizan servicios como Callaia, que analiza historias, personajes, guiones e incluso posibles actores. Otros, como Prescene, Scriptreader.AI y RivetAI, prometen reducir drásticamente la cobertura mediática. varias veces. Incluso construí mi propio programa Claude para probar mis guiones de Hallmark con ritmos de 9 actos.

¿Empezarán los concursos a usar la IA para juzgar? Probablemente. Y, como ocurrió con internet en su momento, no va a desaparecer. No te resistas, aprende a sacarle partido.

Competencia feroz

Esta es la magnitud de lo que estás enfrentando:

- **Page International 2025**: 9,115 inscripciones.

- **Festival de Cine de Austin 2024:** 10.500 inscripciones.

¿Tus probabilidades? Escasas. Por eso ahora me centro en nichos más pequeños. concursos como Stage32, que son específicos de cada género.Ah, y sobre mi propósito para 2025 (en mayúsculas): ¡BASTA DE CONCURSOS!

Ya veremos.

Última palabra sobre estructura y guiones

Si estás empezando, aprende la estructura. Salva al gato. 8 Secuencia. El musical de 9 actos de Hallmark. Luego escribe muchos guiones de diversos géneros. Recibe comentarios, acepta las críticas y participa en concursos si te ayudan a crecer, pero no los consideres tu trampolín profesional.

En definitiva, tu "estructura" es la persistencia. Esa es la única fórmula que ningún escritor puede saltarse.

"Todo escritor necesita un inventario.
Las especificaciones son tu escaparate."

CAPÍTULO 4
¿Es bueno mi guion?
Conseguir la exposición

Clasificación de los concursos

Lo admito: soy adicta a los concursos. O quizá lo era. Para alguien que no es aficionada a los juegos de azar, pasé años participando en concursos con guiones como si fueran máquinas tragamonedas. La euforia era la misma: esa pequeña dosis de dopamine al ver tu nombre en la lista. A veces solo aparecía como "Cuartofinalista", pero para mí era como ganarme la lotería.

Y aquí está la clave: los concursos siguen importando. Nos guste o no, Los managers y productores quieren saber si tu guion ha sido "preferido". Así que, después de dos décadas buscando reconocimiento y lecciones aprendidas a base de prueba y error, aquí está mi clasificación personal de concursos y becas: los que valen la pena tu dinero, tu tiempo y tu cordura.

La beca Nicholl en guionismo

El premio de oro. Organizado por la Academia de Artes y Ciencias Cinematográficas, es el equivalente a los Óscar para guionistas. Ganar el Nicholl significa credibilidad instantánea, sin duda.

Pero en 2025, todo cambió. Nicholl ya no acepta solicitudes abiertas. Ahora hay que postularse a través de universidades, laboratorios o iniciativas para cineastas. Para el resto, The Blacklist es la única puerta de entrada, y es muy cara. Entre las tarifas de alojamiento y las evaluaciones obligatorias de 100 dólares, solo intentarlo cuesta 200 dólares. Y solo 25 guiones logran entrar.

Cuando participé hace años, llegué a los cuartos de final. Con dos guiones, LAST HAND y FIRST MAN. De 6000 participantes, quedé entre los 320 mejores. Fue un momento de puro orgullo.

Conclusión: Participa si te lo puedes permitir. Incluso llegar a cuartos de final puede llamar la atención. Pero no te engañes, es como un boleto de lotería con mejores probabilidades que el Powerball, pero no por mucho.

Festival de Cine de Austin (AFF)

El AFF es el festival de escritores por excelencia, y con razón. Es más que un concurso, es una comunidad. La primera vez que fui, sentí que había encontrado mi lugar. Los paneles, la barbacoa, las charlas en los vestíbulos de los hoteles... es como un campamento de verano para guionistas.

Su concurso también es excelente. Ofrece múltiples categorías (largometrajes, pilotos, podcasts) y, además, te dan retroalimentación. Incluso llegar a la segunda ronda te da prestigio y descuentos. Participé con mis guiones KIRA AND HENRY y BLOOD MOON WOLF. El reconocimiento y la oportunidad de establecer contactos hicieron que valiera la pena cada centavo.

Conclusión: Participa si valoras las conexiones tanto como los elogios. El guion puede que te abra las puertas, pero el verdadero premio es a quién conocerás tomando unas cervezas.

Premios internacionales de guion PAGE

Si Nicholl es arte y Austin es comunidad, PAGE es negocio. Este concurso se centra exclusivamente en el atractivo comercial. ¿Un concepto original? ¿Comercializable? Aquí es donde esos guiones brillan.

Me encanta que lo clasifiquen por género. Mi thriller no se compara con la comedia romántica de nadie. Y los premios tampoco están nada mal: un gran premio de 25.000 dólares más 1.000 dólares para cada ganador de la categoría Oro.

Conclusión: Participa si tu guion está pulido, es presentable y está listo para Hollywood.

Becas: Brutales pero que valen la pena

Las becas son como los primos más inteligentes y exigentes de los concursos. Suelen ser gratuitas, pero el precio es el esfuerzo: ensayos, entrevistas, recomendaciones, revisiones. Duro. ¿Pero la recompensa? Un punto de inflexión en su carrera.

- **Programa de guionistas de NBC:** 8 meses de formación intensiva y mentoría. Acceso directo a la plantilla.

- **Programa Disney DET:** prácticamente te garantiza un puesto de redactor si eres admitido.

- **Programa de Escritores de Paramount:** mentores ejecutivos y simulacros de salas de guionistas.

- **La beca de la Native American Media Alliance (NAMA)** fue mi sueño dorado. Solicité la beca cuatro veces y me aceptaron dos. No era económica, pero me dio confianza, me ayudó a perfeccionar mi técnica y a conectar con una comunidad. Me convirtió en guionista de televisión.

Este año, lancé mis pilotos de literatura juvenil WILMA WALLABY y KIRA Y Henry entrará en el programa Disney DET. ¡Crucemos los dedos!

Conclusión: Postúlate a todas las becas para las que califiques. Son más difíciles que los concursos, pero las recompensas pueden cambiar el rumbo de tu carrera.

Plataformas de alojamiento

¿Dónde "residúan" tus guiones mientras esperan ser descubiertos?
Aquí están los principales actores:

- **Coverfly** – Mi favorita (DEP). Envíos fáciles, buenas clasificaciones, gloria en la Lista Roja. Lamentablemente, desaparecerá en 2025.

- **La Lista Negra** – Cara, inconsistente, pero ahora inevitable gracias a Nicholl.

- **Etapa 32** – Clases, presentaciones, creación de redes. Mi salvavidas durante COVID. Incluso fue así como conocí a Alexia.

- **InkTip** – Un método clásico pero fiable. Sus leads para productores siguen siendo útiles.

- **ISA** – Asequible, con conciertos que a veces te sorprenden. Mi guion de WILMA WALLABY ha encontrado una nueva vida aquí.

Conclusión: No te disperses en todas las plataformas. Elige una o dos y céntrate en ellas.

Mis resultados

Esta es la verdad: realicé 129 envíos en dos años sobre Coverfly. Me gasté una pequeña fortuna. Pero también aprobé los exámenes finales, entré en la Lista Roja y, lo más importante, gané la beca de la Alianza de Medios Nativos Americanos.

Sí, los concursos me dejaron sin blanca, pero me obligaron a escribir, a pulir mis textos y a afrontar el rechazo hasta que dejó de dolerme tanto.

¿Lo volvería a hacer? Probablemente. Pero ahora soy más estratégico. Mi mantra para 2025 está pegado encima de mi escritorio: ¡BASTA DE CONCURSOS!

(Pero pregúntame de nuevo el año que viene.)

CAPÍTULO 5
Formar el equipo adecuado e invertir en ti mismo

Productores y representantes que piden dinero

La gente te dirá que si un representante, agente o productor te pide dinero por leer tu guion o "trabajar contigo", entonces debes huir. Rápido. Y, en general, es un buen consejo.

Pero aquí está el matiz: después de que consigues un gerente, Habrá gastos. No se trata de pagos turbios para participar, sino de inversions prácticas como la revisión del guion. La retroalimentación es esencial si quieres que tu guion tenga éxito. Aprendí rápidamente que un buen lector vale su peso en oro. Con las notas adecuadas, no solo mejoras un guion, sino que evitas enviar un fracaso que te perseguirá para siempre.

Cuando firmé con Alexia, incorporamos a Heidi, una lectora profesional. Gracias a ese proceso, ahora tengo varios guiones con una excelente calificación de "Recomendado", otros con una sólida calificación de "A considerar" y un inolvidable "Rechazado" que me enseñó humildad.
¿Lo importante? Que ese "Pase" nunca salió por la puerta. Porque en este negocio, solo tienes una oportunidad para causar una Buena primera impresión.

Conseguir un gerente o agente

Muchos guionistas noveles creen que conseguir un agente significa que les lloverán las fortunas de Hollywood y los contratos de desarrollo. Lamento ser la verdad, pero a menos que te apellides Coppola, no funciona así.

En el Festival de Cine de Austin, conocí a Larry Postel, un guionista de Dallas sin representante, pero que desde 2020 había logrado que cuatro de sus guiones originales fueran comprados y producidos. ¿Su secreto? Consultas inteligentes y bien dirigidas. Larry escribía guiones de bajo presupuesto y con pocas locaciones (el tipo de guiones con los que sueñan los productores independientes) e investigaba quién podría realmente producir esas películas.

Mientras tanto, envié consultas a productores y representantes que no encajaban con mis guiones inspirados en la mitología cherokee.
Y no obtuve respuesta. Ni siquiera un rechazo cortés. Fue entonces cuando me di cuenta de que necesitaba algo más que persistencia. Necesitaba orientación.Eso fue lo que finalmente me llevó a dedicarme a la gestión: no como un billete dorado, sino como una colaboración para dar forma a mi carrera.

Herramientas de marketing y redacción

Una vez que hayas reescrito tu guion hasta la saciedad, conseguido cobertura mediática, participado en concursos y tengas algo listo para lanzar, es hora de comercializar tu "inventario". Eso significa aprender a presentar tu proyecto.

Antes tartamudeaba, así que presentar proyectos me aterraba. Pero la preparación lo es todo. Empecé con presentaciones escritas —hojas informativas, sinopsis, folletos—

y luego pasé a la presentación oral. ¿Mi primera presentación en vivo en el Festival de Cine de Austin? Sobreviví, incluso recibí aplausos. Prueba de que SÍ se puede superar el miedo.

Hoy en día, nunca escribo un guion sin antes escribir la presentación. ¿Por qué? Porque un guion es un producto, y si no puedes presentarlo, no está listo. Escribo novelas juveniles para expresarme. Escribo guiones para vender.

Presentaciones y catálogos

El siguiente paso es visual. Las presentaciones son tu tarjeta de presentación: una Una forma de mostrar el tono, el estilo y la comercialización de un vistazo. Una presentación sólida puede marcar la diferencia entre un "gracias, pero no" y un "envíame el guion".

Si quieres ver un ejemplo profesional, puedes echar un vistazo. Echa un vistazo a la presentación de mi proyecto LAST WOMAN, en mi sitio web. De hecho, fue esa baraja la que llamó la atención de Alexia y dio lugar a nuestra colaboración.

Los catálogos promocionales van aún más allá: catálogos de alta Calidad que los managers y agentes de ventas utilizan en mercados cinematográficos como Cannes o el AFM. No son baratos, pero son esenciales para presentar proyectos a compradores internacionales.

Herramientas en las que me apoyo

- **Canva** – Mi arma secreta para maquetas y borradores de mazos. Fácil de usar, con IA que me ayuda a visualizar ideas rápidamente.

- **Squarespace** – Diseño web limpio y sencillo. Lo uso para alojar mi portafolio de escritura y mis proyectos editoriales.

- **Google Docs:** ideal para la colaboración (como este libro con Alexia). Borradores, esquemas, sinopsis: todo se guarda aquí.

- **Inteligencia artificial (Claude, ChatGPT, Gemini):** ideal para lluvia de ideas, investigación o borradores de sinopsis. Pero seamos claros: la IA no puede reemplazar la esencia humana de la narración. Solo un escritor puede lograrlo.

Redes sociales y presencia

Antes pensaba que las redes sociales no importaban para los guionistas. Pero los editores, productores e incluso los jurados de concursos suelen interesarse por tu presencia en línea. Me uní a SCBWI, creé una pequeña plataforma online y hoy mi canal de YouTube está a punto de alcanzar las 100 000 visualizaciones.

Pero esta es la verdad: en la escritura de guiones, no te juzgan por La cantidad de seguidores que tienes. Se te juzga por dos cosas:

1. ¿Sabes escribir?

¿Es fácil trabajar contigo?

Es así de sencillo. Nadie compra una entrada porque la haya escrito Aaron Sorkin. La compran porque la han dirigido Spielberg o Gerwig. Y esa es la belleza de este camino: puedes labrarte una carrera como guionista sin ser un nombre conocido por todos.

CAPÍTULO 6
La visión general, sin ánimo de hacer un juego de palabras.

¿Qué tipo de guionista quieres ser?

Pensaba que el sector del software era duro. Nuestros clients eran vendedores de coches, y yo solía bromear diciendo: *"conseguir que un vendedor de coches se interese por la tecnología es más difícil que conseguir que unas monjas se interesen por la pornografía". (Mis disculpas a mi prima la hermana Frances y a mi consejera universitaria, la hermana Cordele; que en paz descanse).*
¡Quizás esa broma fue lo que la mató!

Resulta que Hollywood es más duro. La industria del entretenimiento presenta desafíos y oportunidades únicos para los guionistas. Hay mucha gente poco agradable, y mientras intentas abrirte camino, te pedirán que trabajes gratis.

Tratamientos, sinopsis e incluso guiones completos. Aquí es donde entra en juego el Sindicato de Guionistas de Estados Unidos (WGA), que ofrece protección, estándares y, al menos, la esperanza de una remuneración justa.

Para construir una carrera sostenible, necesitas comprender tanto el aspecto creativo como el comercial. El networking es vital; las relaciones generan oportunidades en la televisión y el cine. Pero tarde o temprano, te enfrentarás a la pregunta: ¿QUIERO SER GUIONISTA DE TELEVISIÓN, GUIONISTA DE CINE O AMBOS?

Guionistas de television

La diferencia entre escribir para televisión y cine no es Basta con contar las páginas. Una comedia de media hora tiene unas 28 páginas, un drama de una hora, 45. Pero multiplícalo por una temporada —diez o quince episodios — y estarás escribiendo el equivalente a tres o cuatro largometrajes.

La escritura para televisión se trata de UBICACIÓN, UBICACIÓN, UBICACIÓN: la Sala de guionistas. Imagínate entre 9 y 15 guionistas alrededor de una mesa, debatiendo arcos argumentales y momentos clave de los personajes. Viví esta experiencia durante mi beca en la Native American Media Alliance en 2023. No se trata solo de escribir; también implica leer borradores ajenos, dar sugerencias y, sí, hablar sin parar sobre la escritura.

En el equipo de guionistas, los roles están jerarquizados. En la cima se encuentra el showrunner, mitad visionario creativo, mitad supervisor. Debajo están los guionistas senior — productores ejecutivos y coproductores ejecutivos— que ayudan a definir el rumbo. Los guionistas de nivel intermedio (editores de guion, personal con créditos) realizan la mayor parte del trabajo pesado. En el nivel inicial están los guionistas de plantilla, a menudo recién salidos de programas de becas. Toman notas, traen café y esperan que alguien les dé una oportunidad para poder figurar en los créditos del guion.

Es un trabajo colaborativo, rápido y exigente. Los plazos de entrega son implacables y, a menudo, los guiones se siguen escribiendo mientras se graban los episodios. Es un poco como trabajar en urgencias: si no puedes con la presión, quizá la televisión no sea lo tuyo.

La huelga del Sindicato de Guionistas de 2023

En mayo de 2023, 11.000 guionistas se declararon en huelga contra la AMPTP (los principales estudios y plataformas de streaming). La huelga duró cinco meses, la más larga en la historia de Hollywood. ¿Por qué? Los guionistas estaban hartos del estancamiento salarial, los bajos derechos de autor de las plataformas de streaming y la creciente amenaza de la IA.

Algunos datos:

- El salario semanal de los guionistas y productores en 2019 disminuyó un 23 % con respecto a 2014, ajustado por inflación.

- Las series en streaming pagan muchos menos derechos de autor que la televisión tradicional.

- Los estudios estaban obteniendo beneficios récord mientras que los guionistas de Los Ángeles y Nueva York luchaban para pagar el alquiler.

El nuevo acuerdo, alcanzado en octubre de 2023, reportó grandes logros:

- Mínimos más altos (hasta un 5-15%).

- Mejores regalías por streaming vinculadas a los presupuestos de producción.

- Prohibición del uso de la IA para escribir o reescribir guiones.

- Compensación si se utilizan scripts para entrenar la IA.

Pero tuvo un precio: miles de millones perdidos en la economía de Los Ángeles, decenas de miles de equipos de rodaje sin trabajo y series enteras canceladas o recortadas drásticamente. STRANGER THINGS, HOUSE OF THE DRAGON, SEVERANCE y ONLY MURDERS IN THE BUILDING—
Todo se retrasó. CBS incluso canceló TRUE LIES, la serie que mi mentor Kris Crenwelge había conseguido tras ganar la beca de Disney.

Para los estudios, la huelga se convirtió en una excusa perfecta para recortar proyectos costosos. ¿La cruel ironía? Los guionistas lucharon por lo que les correspondía, pero la huelga les dio a los ejecutivos la excusa perfecta para recortar los programas que precisamente les daban trabajo.

Guionistas de largometrajes

Tras veinte años, descubrí mi verdadera pasión: escribir artículos, especialmente adaptaciones de libros. Escribir a solas, construir mundos,Estructurar una historia de dos horas: ese es mi terreno favorito. No es para todos, pero a mí me funciona.

Escribir largometrajes es una actividad más solitaria. Colaboras con productores y reescribes sin cesar, pero el primer borrador es tú contra la página en blanco. A diferencia de la televisión, donde los personajes evolucionan a lo largo de los años, los largometrajes exigen un arco argumental completo en menos de 120 páginas. Cada escena importa. Los diálogos deben ser incisivos, pero el cine es visual, y el público busca momentos impactantes, escenas memorables, espectáculo.

Si te motiva la colaboración y las historias de larga duración, la televisión podría ser para ti. Encuentra tu estilo. Si te gusta tener el control y disfrutar de historias completas, los largometrajes podrían ser tu camino. O, como yo, quizás te gusten ambas cosas. Mi experiencia como programador me enseñó a adaptarme rápidamente —piloto, largometraje, novela juvenil, incluso no ficción— dependiendo de lo que sea urgente.

Género y marca

Tu "marca" es la suma de tu voz, tus fortalezas y tu estilo profesional. Para mí, es simple:

- Soy rápido (escribo tan rápido como pienso).

- Soy bueno (tengo formación, educación y experiencia de vida).

- Soy tacaña (Alexia se estremece). No persigo el dinero; yo perseguir la producción de cosa.

Mi especialidad son las adaptaciones, sobre todo la ciencia ficción realista. ¿Qué significa "ciencia ficción realista"? A diferencia de STAR WARS o GUARDIANES DE LA GALAXIA, la ciencia ficción realista se basa en la verosimilitud.

1. Ciencia y tecnología realistas.

2. Escenarios con los que uno se pueda identificar (campos de fútbol, pueblos pequeños, no galaxias). muy, muy lejos).

3. Escenarios de futuro cercano (una o dos décadas, no milenios).

4. Consecuencias reales.

Piensa en MARCIANO (sí, con mi adorado Matt Damon) o MINORITY REPORT. Mis guiones —TECHNICALLY SOCCER, LAST WOMAN, RUNAWAY CRICKET — se mueven en ese terreno.

Pero lo más importante es esto: ENCUENTRA TU GÉNERO, LUEGO CONSTRUYE TU MARCA EN TORNO A ELLO. Aaron sorkin pasó del teatro (a few good men) Al cine (the american president) y a la televisión (the west wing). ¿yo? He Incursionado en todos los géneros: guiones, pilotos, obras de teatro, libros. Mi hilo Conductor es la adaptación. El tuyo podría ser el terror, la comedia o el romance. Sea lo Que sea, hazlo tuyo.

CAPÍTULO 7
¿Cuánto vale tu historia?

"La imaginación a menudo nos transporta a mundos que nunca existieron, pero sin ella, no vamos a ninguna parte" — Carl Sagan

Mi primer año como guionista me consiguió dos adaptaciones. Obras: HIJACKED y JAKE & CLARA. Ambas me enseñaron la misma lección a la fuerza: los libros y las películas son cosas distintas.

Cuando leí HIJACKED, me quedó claro que el libro era demasiado extenso para una película de dos horas. Dedicaba capítulos a profundizar en la historia de cada piloto, además de las motivaciones del secuestrador. Genial para una novela. ¿Para una película? Demasiado. Así que lo resumí: UN EMPLEADO DESCONTENTO SECUESTRA UN AVIÓN. Esa es la película. Eliminar lo superfluo y centrarse en la acción.

Con JAKE & CLARA, la historia no giraba en torno a Jake, sino a Clara. Ella le dispara... ¡y sale impune! Así que cambié el enfoque, convertí a Clara en la protagonista y construí su arco argumental en torno a ese acto. Ese es el secreto de la adaptación: dejar de preocuparse por incluir TODO del libro. En cambio, elige tu personaje, elige su arco argumental y basa la historia en eso.

Aprendiendo del CONTACTO

Para perfeccionar mis habilidades, comparé el libro CONTACTO de Carl Sagan con su película. ¿Qué fue lo más destacable? El libro tenía una historia de fondo extensa, filosofía, múltiples romances y un grupo de viajeros. La película lo condensó todo en una sola historia emocional. El viaje —Ellie sola se encuentra con los extraterrestres, con un enfoque más claro en la fe que en la ciencia.

Y aquí está la ironía: CONTACT se escribió primero como guion, fue rechazado, luego se convirtió en novela, se convirtió en un éxito de ventas y solo ENTONCES volvió a Hollywood. A veces hay que escribir el libro para conseguir la película.

Proteger la propiedad intelectual escribiendo el libro

Últimamente, he estado haciendo mi propia versión del "baile de Sagan".Escribí MAMA DALLAS y AUGIE como libros después de haberlos empezado como guiones, y estoy planeando LA PRINCESA DE MACHIAVELLI, basada en un guion de la madre de Alexia. Incluso EL ÚLTIMO POE se convirtió en novela después de que Heidi la adaptara a partir de un guion que coescribí.

¿Por qué retroceder, del guion al libro? Protección. Escribir el libro establece la propiedad intelectual y sienta las bases para posibles secuelas. Es una armadura.
Cuando presenté BLOOD MOON WOLF en Stage 32, un productor de Paramount+ me dijo que el concepto era divertido, pero que los estudios de ciencia ficción y fantasía preferían propiedades intelectuales ya existentes. Así que lo reescribí como una novela juvenil. De esa forma, tenía una historia y un producto que demostraba su valía.

¿Por qué Hollywood adora la propiedad intelectual?

A los estudios les gusta la propiedad intelectual porque es más segura:

- **Fans ya consolidados:** Generan interés incluso antes de que se publique el tráiler.

- **Prueba de concepto:** un bestseller o un juego de éxito demuestra que la historia funciona.

- **Potencial de franquicia:** secuelas, spinoffs y universos = $$$.

Por eso vemos HARRY POTTER, LOS JUEGOS DEL HAMBRE, LOS LA RED SOCIAL, LA PELÍCULA DE LEGO, e incluso PIRATAS DEL CARIBE (¡de una atracción de un parque temático!).

Ingeniería inversa de propiedad intellectual

Algunos guionistas crean «propiedad intelectual inversa»: adaptan un guion a un libro, cómic o podcast para aumentar su comercialización. Derek Kolstad lo hizo con JOHN WICK, creando una mitología tan rica que parecía una propiedad intelectual preexistente.

Y sí, los éxitos originales siguen triunfando: TODO EN TODAS PARTES A LA VEZ, ¡HUYE!, UN LUGAR TRANQUILO, Puñales por la espalda. Pero si tienes una gran idea, piensa también en plasmarla en un libro.

Llevar

Adaptar un proyecto no se trata de copiar, sino de enfocarse. Elige el personaje, el arco argumental y la historia que realmente importan, y elimina el resto. ¿Estás creando algo nuevo? Considera protegerlo creando propiedad intelectual.

Porque en el Hollywood actual, un libro, un cómic o incluso un podcast pueden marcar la diferencia entre un rechazo y una aprobación definitiva.

CAPÍTULO 8
¿Podría ponerse de pie el verdadero productor?

"Producir es el trabajo más difícil porque el productor es el primero en llegar a la película y el último en irse" — *Brian Grazer*

Durante mi beca en la Native American Media Alliance, casi todos querían dirigir o producir. ¿Yo? Formaba parte del 1% que no. Soy escritora. Siempre ha sido mi sueño, y me parece un milagro que a mi edad pueda vivirlo.

Aun así, tuve que preguntarme: ¿debería plantearme también la producción o la dirección? Muchos de vosotros os estaréis preguntando lo mismo: ¿QUÉ IMPLICA REALMENTE LA PRODUCCIÓN?

El rompecabezas del productor

En televisión, "productor" puede significar muchas cosas. Ejecutivo Productor, coproductor ejecutivo, productor supervisor, coproductor, productor asociado, productor de segmento, productor de línea, y la lista continúa. Los títulos reflejan tanto la antigüedad como las responsabilidades:

- **Productor ejecutivo:** a menudo el showrunner, el máximo responsable de la producción ejecutiva. autoridad creativa.

- **Coproductor ejecutivo:** guionistas sénior que dirigen la sala de guionistas.

- **Productor supervisor:** veteranos que guían a los guionistas de los episodios.

- **Productor/Coproductor:** guionistas que van ascendiendo, añadiendo guiones y notas.

- **Productor asociado:** a menudo el apoyo junior en la escritura y la producción.

- **Productor de segmento:** produce un campo específico o un episodio segmento.

- **Productor de línea:** el encargado de gestionar los presupuesto horarios y logística.

Los productores de cine, por su parte, desempeñan roles más flexibles. Un "productor" puede ser un inversor, alguien que desarrolla y vende proyectos, o la persona que supervisa directamente la película de principio a fin.

El Sindicato de Productores de América (PGA) ayuda a definir estos roles y protege la integridad del crédito "Producido por". También es un indicador de credibilidad, comunidad y estándares. Alexia es productora miembro del PGA.

¿Por qué no ir directo?

Si producir es difícil, dirigir lo es aún más. Directores Son visionarios que transforman el guion en una historia vívida y vibrante en la pantalla. Se encargan del casting, colaboran con todos los departamentos, dan forma a las interpretaciones y llevan adelante el proyecto desde la preproducción hasta la postproducción. Es una responsabilidad enorme y, francamente, una que no deseo asumir.

Como dijo Orson Welles, «toda la elocuencia del cine se logra en la sala de montaje». En resumen, eso es dirigir. Es vital, visionario y, definitivamente, no es para mí. Prefiero no ser el portero, el lanzador ni el presidente. Me conformo con animar desde la banda. Como escritor.

Mi paréntesis antes de escribir

No siempre me atreví a llamarme guionista. Veinte Hace años, me encontraba ante una encrucijada: lanzarme a la escritura o aferrarme a la seguridad financiera. Entonces ocurrió una tragedia, y mi esposo y yo nos hicimos cargo de la crianza de nuestras cuatro nietas. Elegí la estabilidad.

Me convertí en consultor informático, conocido en la industria automotriz como un "solucionador de problemas". Desarrollé software para concesionarios de automóviles, escribí artículos, impartí seminarios y me hice un nombre en ese mundo. En aquel entonces, si mencionabas "Concesionario Digital", lo más probable es que también me conocieras.

Ese desvío me dio seguridad, pero retrasó mi sueño de ser escritora. Si pudiera volver atrás, me diría: trabaja unos años más con ese sueldo de directora financiera, y LUEGO lánzate a escribir guiones. En cambio, tomé el camino largo. Pero ese camino largo me dio experiencia, perseverancia y, finalmente, la Libertad de dedicarme a escribir a tiempo completo.

Lo que he aprendido

Mirando hacia atrás, me doy cuenta de que la industria no solo necesita grandes productores o directores, sino también guionistas que sepan presentar, promocionar y proteger su trabajo. Si hubiera tenido a alguien como Alexia hace veinte años, habría evitado muchos errores. Ella me enseñó a promocionarme, a crear una marca personal y a seguir siempre adelante.

Hoy mido mi éxito en función de la perseverancia y la colaboración. Mis mayores fortalezas han sido:

1. Encontrar a Alexia como mi manager y aliada productora.

2. No rendirse.

Me gusta decir que soy "casi famosa", y me alegra serlo.

Escritores, agentes y representantes

Para aquellos que se lo preguntan: agentes y representantes no son lo mismo.

- **Los agentes** venden tu trabajo. Presentan proyectos a los estudios, negocian contratos y se centran en las transacciones. Están autorizados, cobran una comisión del 10% y suelen gestionar amplias carteras de clientes.
- **Los managers** guían tu carrera. Desarrollan tu estilo propio, te ayudan con los guiones, la estrategia, la marca personal y, a veces, producen. Su relación es más personal y a largo plazo.

Muchos escritores acaban teniendo ambas, pero al principio, quizá solo necesites una. Para mí, Alexia ha sido esa guía. También estoy buscando un agente literario para mis novelas juveniles e infantiles. Herramientas como Query Tracker me ayudan a encontrar a los adecuados.

Mis planes de future

No soy guionista ni productora. No quiero dirigir. Solo quiero escribir historias y verlas convertidas en realidad. Ahora mismo, tengo un proyecto en producción, otro a punto de conseguir financiación y otro en camino a Hallmark. También me estoy centrando en conseguir que mis novelas en lengua cherokee lleguen a escuelas y bibliotecas a través de un agente literario.

Y seguiré presentando propuestas. Porque eso es lo que hacemos los escritores: seguimos creando historias.

Palabras finales

Una vez leí este consejo de Jonathan Silverman, citando a John Lithgow: "Nunca te acalores demasiado, ni te enfríes demasiado. Mantente a una temperature agradable. Y tendrás una carrera maravillosa".
Creo que eso me describe a la perfección: soy feliz en la tibieza. No persigo cada llama, no me paralizo por el miedo, simplemente estoy presente, estable y escribo.

Si has llegado hasta aquí en este libro, probablemente estés a punto de comenzar tu propio viaje. Aprende de mis desvíos, da el salto cuanto antes si puedes y confía en que, con perseverancia y la guía adecuada, encontrarás tu camino.

Me considero un gran éxito, no porque sea rico o Soy famosa, pero porque sigo aquí, escribiendo todos los días. ¿Necesitas inspiración en el camino? Lee mi blog: sandijerome.blogspot.com. Porque si yo puedo hacerlo, tú también puedes. tú.

Reflexiones finales:
El llamado de tu corazón te espera.

Al cerrar este libro, te invito a hacer una pausa. Respira hondo. Deja que todo lo que has leído —la sabiduría, las luchas,Las victorias calan hondo. Cada historia ha sido más que una simple entrevista; ha sido un espejo. Un recordatorio de que quienes triunfan en Hollywood —y más allá— no nacen con certezas. Luchan contra el miedo, el rechazo, la duda y la tentación de rendirse. Sin embargo, persisten. Descubren lo que el reverendo Beckwith llama nuestra naturaleza única: esa chispa singular que nadie más puede aportar.

Como nos recuerda Blair Underwood: LA PASIÓN ES LA BRÚJULA... a la incansable búsqueda de la visión de los hermanos parlaplanides... al coraje de deedee pfeiffer para transformar el dolor en propósito: cada voz en estas páginas afirma la misma verdad: el éxito pertenece a aquellos que se atreven a seguir adelante.

El hilo que nos une a todos.

Evan Spiliotopoulos nos recordó que "el personaje es la trama"Así como los guiones se construyen sobre decisiones, también lo hacen nuestras vidas. Cada revés que has enfrentado no es el final; es solo el Segundo acto, que te prepara para el tercero.

El consejo de Jonathan Silverman de mantenerse «tibio» puede sonar contradictorio, pero encierra una profunda verdad: enamórate del proceso, no del resultado. Porque la alegría del camino es lo que nos sostiene cuando los aplausos se desvanecen y el rechazo llama a la puerta.

Keith Mitchell, Jon Paul Crimi y el reverendo Beckwith compartieron una sabiduría distinta: que el éxito también reside en la quietud, la intención y la valentía de estar presentes. Nos recuerdan que el mundo interior alimenta el exterior.

Y de RB Botto aprendimos una de las lecciones más prácticas: TÚ ERES EL CEO DE TI MISMO, INC. Cada conexión, cada presentación, cada elección construye tu marca.

Mis conclusiones personales para ti

Tras haber recorrido mi propio camino impredecible en esta industria, esto es con lo que quiero compartir:

- **El éxito no es lineal.** Llegué a Estados Unidos siendo adolescente con mi madre soltera, con solo 5000 dólares en el bolsillo y sin garantías. Décadas después, puedo decirles: la perseverancia siempre vence al rechazo.

- **Tu historia es tu superpoder.** No la diluyas. Hollywood no necesita otra copia; necesita tu originalidad sin filtros .

- **Las relaciones importan más que los negocios.** El "círculo íntimo" no es un club secreto; se construye una conexión auténtica a la vez.

- **Protege tu energía.** Ninguna carrera vale la pena si te hace perderte a ti mismo/a. Trabaja en tu interior, respeta tus límites y conserva tu alegría.

- **El momento es perfecto.** No estás atrasado. No llegas tarde. Estás justo donde debes estar: convirtiéndote en quien estás destinado a ser.

¿Por qué no tú?

Como bien dijo Dimitris Logothetis: "¿POR QUÉ NO TÚ?". ¿Por qué no ser tú quien cierre el trato, quien cuente la historia, quien deje el legado? Todas las personas de las que has leído en este libro estuvieron alguna vez exactamente donde estás tú ahora: inseguras, esperanzadas, preguntándose si su sueño estaba demasiado lejos de su alcance.

¿La verdad? La industria te necesita. Tu voz. Tu Visión. Tu huella.

Así pues, les propongo lo siguiente: cierren este libro, respiren hondo y den un paso adelante con valentía. Escriban la página. Envíen el correo electrónico. Llama al contacto. Envía el guion. Empieza. Porque la esencia del mundo del espectáculo nunca ha girado en torno a alfombras rojas ni contratos.Se trata del fuego interior que te impulsa a contar historias que importan.

Hollywood no pertenece a unos pocos elegidos. Pertenece a los valientes.

Y ahora... te pertenece.

Con amor, valentía y fe en tus sueños,

Alexa Melocchi

Beverly Hills, 2025

La caja de herramientas recomendada de Sandi

Libros esenciales sobre guionismo:
- ¡ **Salva al gato!** de Blake Snyder: La biblia de las partituras. Si solo vas a leer un libro, que sea este. (Y sí, Final Draft tiene una plantilla para ello).
- **El viaje del escritor,** de Christopher Vogler: basado en el viaje del héroe de Joseph Campbell. Ideal para la estructura mítica y el desarrollo de personajes.
- **Historia** de Robert McKee: densa pero brillante. Si te gusta Si buscas una conferencia que te haga sentir culpable por cada cliché que hayas escrito, esta es la indicada.
- ¡ **Tu guion apesta!** por William M. Akers — Porque A veces, un consejo directo es justo lo que necesitas.
- **El libro de ejercicios del guionista de televisión** de Ellen Sandler — Práctico Consejos de un veterano de las comedias de situación.
- **El estándar de Hollywood, de Christopher Riley** —Reglas de formato que debes conocer.
- **Aventuras en el mundo del cine,** de William Goldman — Una perspectiva honesta, divertida y esencial.
- **El negocio de la adaptación,** de Linda Seger: un manual práctico para convertir libros en guiones cinematográficos
- **El secreto de una experta: Cómo dominar el camino de Hollywood,** de Alexia Melocchi. Sí, lo escribió mi representante. Sí, reconozco que tengo preferencia por él. Pero es el mejor curso intensive sobre cómo funciona realmente Hollywood.

Podcasts que merecen la pena:
- **Scriptnotes (John August y Craig Mazin)** — Arte y negocios con ingenio y honestidad.

- **El Panel de Escritores:** Entrevistas en profundidad con escritores en activo escritores.
- **El tratamiento** (Elvis Mitchell) – Conversaciones sobre cine, cultura y creatividad.
- **El corazón del mundo del espectáculo** (Alexia Melocchi) – Conversaciones interesantes sobre la industria.
- **La vida del guionista:** consejos prácticos y charlas sinceras para escritores.
- **Los hijos de Tendu** – Dentro de la sala de guionistas de televisión.
- **OnWriting (WGA Este)** – Escritores hablan sobre su proceso y proyectos.

Software de guionismo:

- **Final Draft** – Estándar de la industria. Caro, pero ampliamente utilizado para la colaboración.
- **Fade In** – Asequible, elegante, excelente para escribir en solitario.
- **WriterDuet** - Ideal para la colaboración, especialmente en television. Salas de guionistas.
- **Highland 2** – Escritura minimalista y sin distracciones.
- **Scrivener** – Ideal para adaptaciones o proyectos grandes que requieren mucha investigación proyectos..
- **Guionista de Movie Magic** – De la vieja escuela, aún útil para obras de teatro.

Consejo: Elige la herramienta que te motive a escribir. El software no escribirá el guion, lo harás tú.

Concursos y becas de guion:

- **Becas Nicholl de la Academia:** el estándar de oro. Atención de la industria garantizada si usted participa.
- **Festival de Cine de Austin:** Redes de contactos de primer nivel y una gran comunidad creativa.
- **Page International:** Grande, respetada, competitiva.

- **Etapa 32 Concursos:** Categorías más pequeñas y especializadas, mejores impares.
- **ISA (Asociación Internacional de Guionistas) :** Concursos asequibles y bolsas de trabajo.
- Becas de Diversidad (por ejemplo, Native American Media Alliance): oportunidades que transforman la carrera profesional.

Cobertura y comentarios:

- **Cobertura profesional:** invierta en lectores de buena reputación. Siempre pregunta quién está detrás de los billetes.
- **Compañeros de confianza:** los intercambios de guiones son oro puro. Si varias personas Señalen el mismo problema, es real.
- **Herramientas de IA:**
  - Callaia (utilizada por estudios y productores)
  - Prescene, RivetAI, ScriptReader.AI (retroalimentación rápida y asequible)
  - ChatGPT / Claude (útil para sinopsis, resúmenes y pruebas de ideas; no para escribir guiones por ti).

Hábitos de escritura y productividad:

- **Escritorio con cinta de correr:** escribe y mantente saludable (5000 pasos + 10 páginas = éxito).
- **Cuadernos por todas partes:** las ideas se esfuman si no las anotas a ellos.
- **Proteja sus horas de silencio:** Ya sean las 4 de la mañana o la medianoche, Protege tu momento de máxima concentración.
- **Calendario del concurso:** planifique sus envíos con anticipación para evitar las 11:59 Pánico del primer ministro.
- **Seguimiento del presupuesto:** los concursos, la cobertura y los festivales suman Arriba. Mantén el control.

Kit de supervivencia para presentaciones y marketing

Materiales de presentación
- Resúmenes: Sinopsis, sinopsis general y ejemplos de un vistazo..
- Presentaciones para inversores: una herramienta visual para contar historias: en parte un panel de inspiración, Parte del cartel de la película.
- Lookbooks – Para presentaciones de múltiples proyectos en mercados.

Hábitos de práctica
- Canva – Diseño sencillo para presentaciones y elementos visuales.
- Squarespace / Wix / WordPress – Crea una página web limpia portfolio cartera.
- Google Docs: perfecto para esquemas y colaboración

Hábitos de práctica
- Presenta tu idea antes de escribir. Si no puedes venderla en una frase, es mejor no escribirla. No estoy listo.
- Grábate, comprueba el ritmo, el tono y la claridad.
- Practica con un amigo (o frente al espejo) hasta que ganes confianza en.

Recordatorio: Una presentación no se trata solo de vender, sino de claridad, confianza y conexión.

Recursos para la industria y la carrera profesional:
- **¿Quieres ser productor?** de Lawrence Turman Lecciones de un veterano de Hollywood.
- **La Biblia del Pitching de Hollywood,** de Douglas Eboch y Ken Aguado: estrategias inteligentes para presentar proyectos.
- **PGA, WGA, DGA –** Conozca los sindicatos, las protecciones y Trayectorias profesionales.

- **La Lista Negra** – Alojamiento y comentarios de pago (caro pero valioso).
- **Etapa 32** – Networking, clases, concursos y oportunidades para presenter proyectos.
- **Query Tracker** – Base de datos para agentes literarios (especialmente útil si te adentras en el mundo editorial).

Consejos profesionales:
- Los managers guían tu carrera; los agentes venden tu trabajo. Conoce la diferencia.
- Los productores están presentes de principio a fin; usted decide si desea esa responsabilidad.
- A nadie le importa tu historia tanto como a ti. Mantén cabeceo..

Palabra final

La mejor herramienta que tienes no es el software, ni los concursos, ni la cobertura mediática.
Es cuestión de constancia. De nada servirán las aplicaciones, los libros y los podcasts del mundo si no escribes por escrito.

Descubre qué te motiva a escribir y no te rindas.

La caja de herramientas de Alexia

Podcasts que inspiran:

- **Con propósito** – Jay Shetty: Conversaciones sobre mentalidad, propósito y crecimiento personal.

- **El podcast de Mel Robbins-** herramientas prácticas para el coraje, la claridad y la confianza.

- **Escuela de la Grandeza – Lewis Howes -** Historias de éxito y estrategias de líderes de talla mundial.

- **Recupera tu mente** – Michael Beckwith: Prácticas espirituales para la presencia y la transformación.

- **El corazón del mundo del espectáculo** – Alexia Melocchi: Perspectivas de la industria y conversaciones auténticas (¡sí, las mías!).

Libros que marcaron mi trayectoria:

- **Hola, él mintió,** de Linda Obst: una mirada sincera al interior de mundo productor.

- **¿Quieres ser productor?** de Lawrence Turman– Sabiduría atemporal de un veterano de Hollywood.

- **Las 48 leyes del poder de Robert Greene:** estrategia, influencia y idinámica humana.

- **¡ Salva al gato!** de Blake Snyder – La biblia definitiva de las hojas de ritmo para escritores.

- **La sala de correo** de David Rensin: crudas historias de origen de Los peces gordos de Hollywood.

- **Esencialismo** de Greg McKeown: La búsqueda disciplinada Menos, pero mejor.

- **La ilusión del dinero de Kyle Cease** – Un cambio de mentalidad riqueza, valor y creatividad.

- **El año de 12 semanas** de Brian Moran: productividad y establecimiento de objetivos redefinidos.

- **Despierta el gigante que llevas dentro,** de Tony Robbins: dominio personal y toma de decisiones empoderada.

- **Hook Point** de Brendan Kane – Captando la atención en 3•segundo mundo.

Regístrate para recibir entrenamiento privado exclusivo con Alexia y prepárate para la que podría convertirse en la reunion más importante de tu vida.
Asegúrate de estar completamente equipado y preparado para el éxito.

HORA DE PODER COACHING CREATIVO

https://www.alexia-melocchi.com/coaching

¡CONECTÉMONOS!

www.alexia-melocchi.com
https://alexiamelocchi.com/
www.littlestudiofilms.com
https://www.youtube.com/@AlexiaMelocchi/videos
https://www.instagram.com/alexiamelocchireal
https://www.tiktok.com/@alexiamelocchi

www.ingramcontent.com/pod-product-compliance
Lightning Source LLC
Chambersburg PA
CBHW060423130626
46555CB00005B/2190